簿記の思考と技法

第3版

中村文彦 著

東 京　森 山 書 店 発行

第３版まえがき

前回の改訂から3年が経過し、再び版を改める機会に恵まれた。

この間に、ロックダウンという、稀に見る状況を、グローバル・レベルで共有した社会では、それまで想定されていたよりも遥かに大きな程度で、生活様式やそれを支えるビジネス活動が変容した。

その要因の多くが、オンライン化の著しい促進やAIの発達に存することは明らかである。コロナ禍の当初では、人の集まる状況において、疾病の感染爆発がことごとく多発したため、同様の状況に陥るのを避けるべく、会議、授業、ツアー等、様々なケースでこれらが活用されたのである。

その過程において、社会的な営みのほとんどが、対面ベースのコミュニケーションを基礎として、本来は成立していた、ということを、我々人類は再認識することになった。しかし、それ以上に重要性を持つのは、こうした性質を持つ社会的営みであっても、中心部分以外は、通信環境やAI等の利用等を工夫することにより、適宜、代替が出来ることにも人類が気づいたことであろう。

今回の改訂に際しては、こうした社会のあり方自体の大きな変容のなかにあって、本書には一体どのような意義を引き続き持たせることができるのであろうか、また、本書のコンテンツは全体としていかなる社会的貢献をなし得るのであろうか、という２つの問を自答するための準備時間が必要とされた。

特に、2年ほど行われてきたロックダウン下の大学におけるオンライン授業を通じて、多くのことを考えさせられた。オンライン授業は、教員の立場から見れば、教材作成、講義の録音等といった準備や、膨大な量の質問メールへの対応が、対面授業の何倍もかかって非常に煩雑な側面があり、大学教員の業務が日々増大する今日の環境下では、労多くして得るものは少ない。

また、学生の立場から見ても、教室という空間を共有できないオンライン方式の授業では、教員や他の学生との対面による直接でカジュアルな質問や会話の機会が与えられず、専ら、指定されたテキストと配布された各種PDF等の教材・資料等の中に存する沢山の情報に基づいて、孤独感と苦闘しながら学ばなければならない。

こうした問題点を考慮し、今回の改訂では、次の３つの方針を立てた。

①展開が今後予想される取引の電子化に順次対応し得る内容とすること。

②学生が日商2級の骨子を自ら学習出来るように内容を充実させること。

③企業会計制度のグローバル化に必要な基礎知識も説明に織り込むこと。

この結果、これまで採っていた全15講から成る構成を大幅に変更し、全12講へと改めている。改訂済みの原稿を通読し終え、書籍のボリュームをあまり増やすことなく、本改訂で上記３つの方針を具現化できたことを実感し安堵している。第３版もこれまでと同様に、学習者の道標になることを願っている。

この場をお借りして、今日までの小生の学究生活を力強く支えて下さる多くの方々、特に、慶應義塾の学びと教えの日々を変わりなく御支援頂いている友岡賛教授に深謝申し上げる。

私事となるが、家族にも謝意を述べたい。交通経済学を専攻し慶應義塾に任期付ながら奉職した長男知誠と、会計学を専攻し大学院に進学する長女美月、それぞれの研究が進展し充実することを祈念している。小生の心を豊かにしてくれる妻久美子にも感謝している。

出版事情の厳しい現在、本書の改訂につき、再び快くお引き受け下さった菅田直文社長、菅田直也氏、そして森山書店の皆様に感謝を申し上げる。

2024年1月

文京区本郷の自宅にて

中　村　文　彦

まえがき

本書は、簿記を学ぼうとするひとが、基礎的な技術と思考を身につけて、その後の人生で、会計の対象となる様々な領域に正しくアプローチできるようになることを企図して書かれたテキストブックである。

簿記に限らず、テキストブックというものはどの領域であっても実に数多くのものが出版される。しかしながら、そのなかで良書あるいは名著と呼ばれるものは、少ないように思われる。著者は、この要因がテキストブックそれ自体の性質にあると考えている。すなわち、テキストブックは、それまでに得られた知識体系をごくシンプルな形で分かり易く学習者に伝えなければならないが、その体系の組み方と分かり易さの程度は、多く執筆者に依存することになる。したがって、良質のテキストブックを執筆するためには、まず、執筆者自身がそれ相当のヴィジョンを持ち、また覚悟をすることが求められるのである。

こうした背景にも関わらず，著者が尻込みすることなく本書を執筆しようという考えに至ったのには理由がある。会計学の未来を考えたのである。

著者が簿記・会計を学びはじめた頃の研究者は、兎に角、良い研究書、良い入門書を今よりも多く世に送り出し、学ぶ者すべてを魅了し、正しい技術と思考を広く普及させていた。しかしながら、制度の変化、研究環境の変容、そして世代交替等の理由によって、現在では、それら名著・良書に込められた優れた教えが若い世代に伝えられ難い状況となっている。

本来、テキストブックには、良質の学問的レガシーを次の世代に伝えるという大きな役割があるはずであろう。我々世代が伝えなければ、将来世代は先進的な領域の基盤を失うかもしれない。こうした考えに基づいて、本書は先人の知恵をできるだけ多く取り入れている。

よく「学問は役に立たない」ということをいうひとがいるが、これは間違っていると断言できる。良い知識体系が整備されることは、社会的な「のれん」を生み出すことにほかならない。会計学の「のれん」を次の担い手に継承する。担い手を育てるところからスタートさせる大変手間のかかる作業だが、折しも著者は新設される長野県立大学の開学準備に運営委員会メンバーとして大きく関わり、教育の構想をカリキュラムに反映させることができる立場にある。それゆえ、今こそ手間を惜しまず前進すべきだと考えている。

本書の基礎になっているのは、著者が慶應義塾大学経済学部で担当している「簿記a・b」および大学院法務研究科の「簿記論」の講義ノートである。福澤諭吉先生の『帳合之法』が商法講習所をはじめ様々なところでテキストとして用いられて以来、日本の複式簿記教育の伝統は脈々と受け継がれている。

個人的な経験であるが、東日本大震災で多くのものを失い、研究者として失意の日々を過ごした。その時、著者の関心を再び「研究」に引き戻すきっかけを与えてくれたのは、たったひとりの研究者の、ある現象に対する、実に明解で見事な説明であった。そこからの再起の道程において常に道標となったのは、学びはじめた頃から使い続けている先人達の良書・名著だった。

本書には、著者が再起をかけて慶應義塾で学んだ日々に得た多くのことも織り込んである。本書が、皆さんにとっての良書となることを心から願っている。

最後に、家族を含め今日に至るまでの学究生活を支えて下さる多くの方々、特に、慶應義塾における学びと教えの日々を御支援頂いている友岡賛教授に深謝申し上げる。

出版事情の厳しい現在、テキストの出版を快くお引き受け下さった菅田直文社長および森山書店の皆様に厚くお礼を申し上げる。

2017年12月

長野市県町にて

中　村　文　彦

目　次

第1講
簿記学習の出発点

第1節　本講の焦点

人が、何らかの経済的な活動を行いはじめてから現在に至るまで、社会には、慣習、法制度、経済システム等、実に、様々な秩序が形成され発展を遂げてきた。なかでも、社会の広い範囲に渉って非常に高い存在感を示しているのが、企業によるビジネス活動である。

企業のビジネス活動には、出資者や債権者をはじめとする、多くの利害関係者（ステークホルダーとも呼ばれる）が関わっており、その成否は、それら利害関係者個々の利害を直接左右する問題となるばかりか、社会レベルの富の配分にも大いに関わってくる。そのため、ビジネス活動は、多くの経済主体の関心を集める事象となる。

企業会計は、企業のビジネス活動の顛末を、財務的な側面から明らかにし会計情報（accounting information）を提供することで、利害関係者が有している関心に応え、かかる関係を支援する役割を担っている。複式簿記（Double-entry bookkeeping system）は、この会計の基盤となる思考と技法を提供する。

複式簿記は、数学のように数字を用いて演算を行う科目である。しかしながら、その計算体系は独自の原理に基づいているため、その習得に際しては、数学的な演算スキルの他、多くの専門用語や知識、そして思考が必要となり、さらには技術的な習熟も重要な要素となる。

本書では、このうち基礎的な思考と技法を学習対象として扱っており、学習者が、①基本的な複式簿記の思考と技法を身につけ、②財務諸表の構造に関する基本事項を理解することをゴールとして設定している。

①は、単に記帳技術としての会計処理を習得するだけでなく、その背後にある会計思考、すなわち、なぜその処理を行うのかという基本的な考え方を理解して、それを説明できるようにすることを意味する。

②は、財務諸表の構造に関する基本事項を理解することである。これは、個々の記帳技術と会計思考に基づき、簿記一巡のプロセスを通じ、一定のルールに従って、体系的に基本的な財務諸表を作成・利用できるようにすることを意味する。

本講は、複式簿記学習の出発点である。そこで、本書で提供する学び全体の簡単な全体像（鳥瞰図）を示し、学習の流れを学習者諸氏が大まかにイメージ出来るよう、必要最小限の事項に焦点を当てて、これを講じることにする。

第２節　本書における学習の全体像

（1）複式簿記の必要性

最初に、企業および利害関係者の基本的な関係と簿記一巡のプロセスとの関わりを表した図表１－１を用いて、本書における学習の全体像を概説しよう。

企業がビジネス活動を営むには、元手としての資本、生産その他を遂行するための人的資源、物的資源等々といった各種の経営資源を調達しなければならない。利害関係者は、各々の目的達成を期待して出資をはじめとする様々な経済的意思決定を行うことで、この企業側のニーズに応じる経済主体である。この結果、両者の間には一定の利害関係が構築される。

調達した経営資源に基づいて、企業は多様なビジネス活動を行う。経営者はこの際、経営を可能な限り合理的あるいは効率的に行おうと努める。それゆえ、経営の良否を判断するための指標や、将来の経営方針を考えるための材料

図表1-1　簿記一巡のプロセス（学習の全体像）

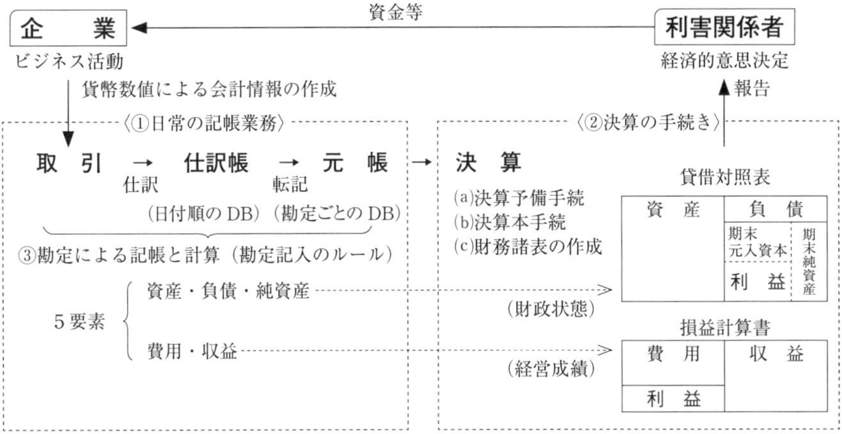

を必要とする。同様に、利害関係者に関しても、既存の利害関係を継続すること、追加的な出資等を行うこと、あるいは新たな利害関係を構築すること等に関する可否に対して経済的意思決定を企図する際、何らかの判断指標や材料を必要とする。

複式簿記は、こうしたニーズに対して、会計情報を作成し提供することで応えている。すなわち、様々なビジネス活動を貨幣数値で捉えてこれを描写し、一定の秩序と技法に基づいて帳票に記録することを通じてビジネス活動の顛末を要約した会計情報を作成し、そこで明らかになった財産管理と損益計算等に関する情報を、利害関係者に報告（伝達）することで、新たな経済的意思決定に対する判断の指標を提供する。

（2）複式簿記の記録対象

複式簿記において、記録対象となるのは企業のビジネス活動であり、その記録に際しては、貨幣数値が用いられる。そのため、ビジネス活動は資金循環の視点から捉えられる必要がある。

企業のビジネス活動等を資金循環プロセスの視点で捉えると、次のように表すことができる。まず、第1段階の「資金の調達」においては、株主からの元入れ等、返済不要な出資により自己資本が調達され、また、銀行等から返済を要する融資等によって他人資本が調達される。このように、この段階は資金が流入するプロセスととらえることができ、その調達源泉に関しても、返済を要するものと返済を要しないものとに大別することができる。

第2段階の「資金の投下運用」においては、例えば、販売を目的とした商品仕入れや、事業に必要な様々な物財等の購入、あるいは諸経費等の支払い等が行われ、調達した資金が使用される。この段階において、到達した資金の運用形態がそれぞれの使途に応じて決定されることになり、また、企業の経営成績に関わる費用に対する支出が行われる。したがってこの段階は、資金の流出するプロセスと捉えることができる。

第３段階の「販売活動および資金回収」においては、例えば、商品の販売、手数料の受取り、余剰資産の売却等を通じて、投下した資金の回収が行われ、それを通じて利益が獲得されることになる。それゆえ、この段階は資金の流入するプロセスと捉えることができる。

（3）簿記一巡のプロセス（accounting cycle）

会計情報を作成し提供するプロセスは、図表1－1に示されているように簿記一巡のプロセス（あるいは会計サイクル）と呼ばれる。簿記一巡のプロセスには、大別して、日常の記帳業務と決算手続き、という２つの手続きがある。

①日常の記帳業務

日常の記帳業務は、日々のビジネス活動を貨幣数値によって捉え、それを一定の秩序に基づいて、各種帳簿や帳票に記録するプロセスである。具体的には、ビジネス活動を会計上の取引という概念で捉え、これを仕訳して仕訳帳に記帳することで日付順のデータベース（DB）を構築し、さらに、そのデータを転記によって総勘定元帳にも記帳することで勘定ごとのデータベースを構築する手続きが、一定の会計期間において、日常、反復的に行われる。

②決算の手続き

これに対して、決算の手続きは期末に、次の3つのステップで行われる。

第1のステップは決算予備手続きである。ここでは、期末に日常の記帳活動を一旦終了して、これまでに記帳したデータを試算表により概観し、修正や追加があればそれらを仕訳し転記した後に修正後の試算表や精算表を作成して、もう一度データを概観するという手続きが行われる（図表1－1の（a））。

第2のステップは決算本手続きである。帳簿決算とも呼ばれるこの手続きでは、決算整理仕訳等を記入した後の仕訳帳や、それらを転記した後の総勘定元帳の締め切りが行われ、財務諸表作成の準備が行われる（図表1－1の（b））。

第3のステップは財務諸表（Financial Statements: F/S）の作成である。ここでは、それまでのプロセスで得られたすべての勘定データに基づいて、主に、2つの財務諸表が作成される（図表1－1の（c））。ひとつは、財務諸表を構成する5要素のうち、資産、負債、純資産（資本）の3つの要素に基づいて財政状態を表す貸借対照表であり、いまひとつは、同様に5要素のうち、費用、収益という2つの要素に基づいて経営成績を表す損益計算書である。

③勘定による記帳と計算

学習の上で重要なのは、この記帳プロセスの全てにおいて基礎となる計算単位が勘定（account：A/C）であり、その記入が勘定記入のルール（勘定記入法）に基づいて行われているのを理解することである。

勘定が記録・計算の単位ということに気がつけば、日常の記帳業務において、取引を一旦仕訳してから仕訳帳に記帳する手続きが、取引による諸勘定の変動を総勘定元帳に洩れなく記録するための準備作業であることが理解できるであろう。

また、修正・追加を含めた全ての取引記録が決算手続きを通じて総勘定元帳に反映され、そのうえで元帳における各勘定の残高データを一覧化したものが貸借対照表と損益計算書を作成する際の基礎データであることに気がつけば、勘定記入法が2つの財務諸表の作成を想定して決められていることがわかる。

（4）企業会計制度と複式簿記

今日、企業会計は、その社会的な役割と影響の大きさを配慮して法による規制を受け、制度化されている（企業会計制度）。

なかでも、次の法会計の領域はディスクロージャー（企業情報開示）制度を通じて社会に会計情報を広く開示する機能を持つため重要性が高い。

【会社法】

会社法は、株主や債権者その他の保護を基本理念とするため、それぞれが企業との間に利害関係を有する、各種利害関係者間の利害調整に役立つ会計情報（契約支援情報）の作成を求める。

【金融商品取引法】

金融商品取引法は、投資者の保護をその基本理念とするため、投資者が投資に関わる意思決定を行う場合に有用となる会計情報（投資意思決定支援情報）の作成を求める。

今日の複式簿記には、これら企業制度の基本理念に適う会計情報を作成するためのツールとしての役割がある。

制度は、時代に合わせ徐々に内容をアップデートするため、それに応じて制度に規定される会計処理等も変容する。特に、近年では、金融商品取引のグローバル規制を背景に、上場会社の連結財務諸表（consolidated financial statements）の作成基準としてIFRSの任意適用が広く認められているため、こうした動向を把握することも簿記学習において重要な課題なのである。

〜〜〜 複式簿記普及の背景 〜〜〜〜〜〜〜〜〜〜〜〜〜〜〜〜〜〜〜〜〜〜〜〜〜

今日、簿記は世界中に普及している。複式簿記が、最初に書物で説明されたのは、1494年出版のルカ・パチョーリ（Luca Pacioli）の著書「スムマ」であると言われている。数学者で、フランシスコ会の修道僧でもあったパチョーリは、ヴェニスの豪商の子息の家庭教師をしながら、当時、ヴェニスの商人達が行っていた帳簿記録の実務を学び、後年、幾つかの大学で数学を教えながら同書を執筆した。当時は大航海時代を経てルネサンス期に至った頃であり、また、貿易や商業が盛んになることで都市が繁栄した時期であった。そのため優れた印刷技術に恵まれて同書は広範に普及した。

15世紀以降、複式簿記はイタリアに居留していた外国商人の活動を通じて、次第に、他のヨーロッパの国々（ドイツ、フランス、ネーデルランド、スペイン、イギリス等）に伝播する。商人は当初、債権・債務や物財の出納管理のために帳簿を利用したが、後に商取引の進展等に伴って次第に損益計算の機能が求められるようになった。これに応じて複式簿記は徐々に洗練されていった。

日本に、複式簿記が伝わるのは、明治になってすぐのことである。特に、1873年には、次の２つの重要な書籍が出版されている。ひとつは、福澤諭吉による翻訳書『帳合之法』（原著は、Bryant & Stratton's Common School Book-keeping［1871］）であり、もうひとつは、当時の大蔵省のお雇い外国人Alexander Allan Shandが記した『銀行簿記精法』（海老原済・梅浦精一共訳）である。このうち、帳合の法は、小中学校や神戸商業講習所、東京商法講習所（夜学部）で教科書として使用され、複式簿記の広範な普及に貢献している。

〜〜〜〜〜〜〜〜〜〜〜〜〜〜〜〜〜〜〜〜〜〜〜〜〜〜〜〜〜〜〜〜〜〜〜〜〜

第2講
5要素と2つの財務諸表

第1節　簿記会計の5要素の重要性

前講で説明したように、複式簿記では簿記一巡のプロセスを通じて「勘定」という計算単位を用いて企業のビジネス活動が記録される（第1講図表1－1）。

勘定は、基本的に、資産、負債、純資産（資本）、費用、収益、という簿記会計の5要素のいずれかに属しているものであり、簿記一巡のプロセスを経ることで、この5要素のうち、資産、負債、純資産（資本）が貸借対照表の構成要素となり、費用、収益が損益計算書の構成要素となる。

貸借対照表は財政状態を、損益計算書は経営成績を、それぞれ要約・描写したものであり、財産管理と損益計算に関わる情報が提供される。利害関係者が経済的意思決定を行うに際しては、これらが判断材料として利用されることになる。

このような関係を考慮すると、5要素を正しく分類することが、複式簿記の計算を正確に行う上で非常に重要であると理解される。そこで，最初にこの5要素に焦点を当て、各種の会計等式（accounting equation）を用いながら、その基本的な関係について理解を深めることとする。

第２節　ストックを表す３要素と純資産（資本）等式

（1）資産、負債、純資産（資本）

資産（asset）、負債（liability）、純資産（net asset）は全てストックを表す要素である。これら３要素は、基本的に企業が保有する財産（資金、資金を用い取得した財）等と、資金調達源泉に対して企業が負う責務を表している。

資産とは、企業の所有する財貨や、債権等をいう。具体的には、現金（通貨や紙幣等）、売掛金（商品の販売に伴って生じる売上債権等）、商品（販売目的で仕入れた物品）、貸付金（金銭の貸与に基づく債権）、車両運搬具（営業上使用する自動車等）、備品（長期使用目的で保有する情報機器等）、建物（店舗等の建築物）、土地（店舗等の敷地等）、等の勘定が含まれる。

負債とは、仕入れの未払分や借入れ等、将来一定金額の支払いが必要となるものをいう。具体的には、買掛金（仕入れ等に伴って生じる買入債務）、借入金（営業活動のために他者から借りた資金）等の勘定が含まれる。

純資産には、①資産から負債を引いた差額としての正味財産の側面と、②拠出資本や稼得資本等のように株主に対する責務を表す正味価格の側面がある。

個人企業の場合、出資と経営が未分化のため、純資産＝資本となり、出資額も稼得額も資本金勘定で処理する。株式会社の場合、基本的に、出資と経営が分化するので、権利に関わる計算の基礎を得るため、より詳細な勘定で処理される。具体的には、株主資本のうち、払込金額を源泉とするものは資本金と資本剰余金（資本準備金、その他の資本剰余金）の勘定で、利益を源泉とするものは利益剰余金（利益準備金、任意積立金、繰越利益剰余金）の勘定で、それぞれ処理される。また、拠出資本や稼得資本に将来関わる項目も、純資産に含まれることとなる。

（2）純資産等式

資産、負債、純資産の３つの要素の間には、次のような基本関係がある。これを純資産（資本）等式という（式①）。

【式①：純資産（資本）等式】

純資産(資本)	=	資　産	―	負　債
（正味資産）		（積極資産）		（消極資産）

この等式は、資産から将来の支払分を除いた正味の資産を純資産としている。確かに、手許に一定の現金があったとしても、近々多額の返済が予定されていれば、その分、現金利用に制約が生じる。

〜〜〜　**補足：掛取引について**　〜〜〜〜〜〜〜〜〜〜〜〜〜〜〜〜〜〜〜〜〜〜〜

商品の購入および売却において、購入者がその代金をすぐに支払えない場合、商慣習に基づき、後日、支払う約束をすることがある。これを、掛取引という。

図表2-1　掛取引の基本構図

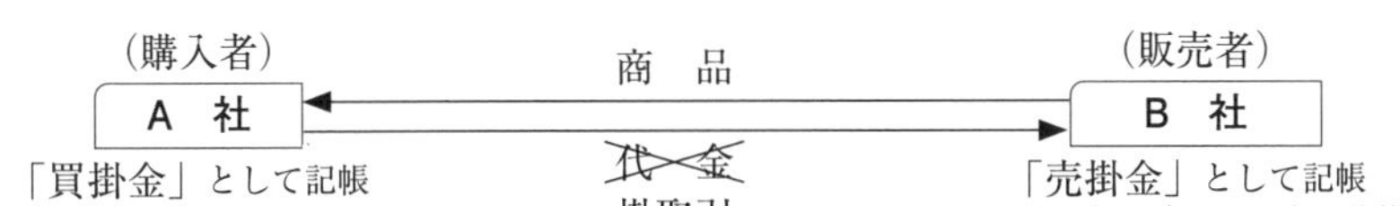

A社とB社の掛取引を表した図表２－１では、代金の支払が現金で行えないため掛取引が利用されている。A社は後日支払を約束することで買入債務（買掛金）を負い、B社は後日代金を受領することに合意し売上債権（売掛金）を有することになる。この債権・債務の関係は、支払いが履行（代金回収）された時点で消滅する。

〜〜〜〜〜〜〜〜〜〜〜〜〜〜〜〜〜〜〜〜〜〜〜〜〜〜〜〜〜〜〜〜〜〜〜

第3節　貸 借 対 照 表

（1）貸借対照表とは？

貸借対照表（Balance Sheet：B/S）は、ある特定の時点（貸借対照表日という）における企業の財政状態（financial position）を表すひとつの財務諸表である。

財政状態とは財産の状態のことをいい、５要素のうち、資産、負債、純資産（資本）の３つの要素によって構成される。資産はプラスの財産という意味で積極財産とも呼ばれ、また負債は将来支出が要されるため、マイナスの財産という意味で消極財産とも呼ばれる。この視点から見れば、これらの差額概念である純資産（資本）は正味財産を表していることになる。

貸借対照表の基本様式は、純資産（資本）等式（式①）を変形した貸借対照表等式（式②）に基づいている。

貸借対照表等式（式②）の右辺は、資金調達源泉に対する責務を表している。純資産項目の資本金は出資者の出資額に対する責務を表し、負債項目は、借入金返済をはじめ様々な責務を表している。どちらも、企業にとって調達額を表すという点では同じであるが、調達方法と責務の内容は異なる。

これに対して、貸借対照表等式（式②）の左辺は、資金の運用形態、つまり調達した資金をどのように使用しているのかということを表している。例えば、資金を使わずにそのまま保有していれば、現金のままであるが、その一部を車両等の資産購入にあてた場合には、現金と車両が左辺に表されることになり、手許の資金を銀行に預け入れた場合には、預金が左辺に表される。

（2）ストック・ベースの期間損益の計算

企業は、自らの行ったビジネス活動について、利害関係者に報告するために、一定の会計期間（accounting period）におけるビジネス活動の成果を計算する必要がある。この成果のことを期間損益という。

制度上、期間損益の概念には、２つの種類が存在している。

ひとつは、期末資産（その他有価証券等）に関わる評価差額（価値の増加分）を、損益計算に含めずに算定する「当期純利益」であり、もうひとつは、上記の評価差額を含めて算定する「包括利益」である。

期中に資本の増減がない場合、期間損益を貸借対照表に基づき把握するには、期首（beginning of a period）の正味資産（期首純資産）と期末（ending of a period）の正味資産（期末純資産）とを比較して、結果的にどれだけ多くなっているかを観察する必要がある。

これを式で表せば、次の式③のようになる。

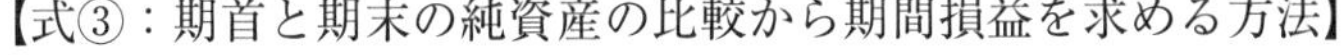

【式③：期首と期末の純資産の比較から期間損益を求める方法】

期間損益　＝　期末純資産　－　期首純資産（資本）

期末純資産：当期のビジネス活動を行った後の正味資産
期首純資産：当期のビジネス活動を行う前の正味資産

期末純資産は、前述の純資産等式より、期末資産から期末負債を差引いたものであるから、上記式③は、次の式④のように書き換えることが出来る。

【式④：上記式の変形】

期間損益　＝　期末資産　－　期末負債　－　期首純資産（資本）

（期末資産　－　期末負債：期末純資産）

（下線部：期末負債　－　期首純資産（資本））

式④の下線部に着目し、これを左辺に移項した後、左辺と右辺とを入れ替えると、期末の貸借対照表等式（式⑤）を得ることができる。

【式⑤：期末の貸借対照表等式】

期末資産 ＝ 期末負債 ＋ 期首純資産（資本）＋ 期間損益

（期末純資産）

期中に資本の増減がある場合、上の3式における期首純資産を期末元入資本におき換えて考えれば良い。期末元入資本は期首の純資産に追加元入額を加え、引出額を差し引いたものである。従って期中に追加元入も引出もなければ上の3式と同じになる。

（3）貸借対照表のひな形

図表2－2は個人企業の貸借対照表のひな形例（勘定式）である。これを見ながら、貸借対照表の形式面について説明を加えよう。

なお、株式会社の貸借対照表の場合は、当期純損益は繰越利益剰余金に振替られて表示される。

図表2-2　個人企業の貸借対照表のひな形例（勘定式）

企業等の名称

貸借対照表　←作成日

○○商店　××年○月×日

資　　産	金 額	負債および純資産	金 額
現　　金	300	借 入 金	500
売 掛 金	400	資 本 金	1,000
建　　物	800	当期純利益	200
土　　地	200		
	1,700		1,700

見出し行　斜線（余白）　合計線　締切り線

企業等の名称を左上に記載し、貸借対照表日をタイトルの下に記載してから、見出し行の次の行から勘定科目と金額を、左側の借方（かりかた）、右側の貸方（かしかた）に一定の順で記載を行う。

全ての勘定について勘定名と金額を記入し終えたら、当期純利益を記入し、金額を合計線で区切る。この際、借方と貸方を比べて行の多いほうに合計線の位置を合わせるため、少ない側の勘定記入欄と金額記入欄が余白になる。そこで、この部分への追加的記入をできないように、図表2－2のように余白に斜線をいれ、合計線を斜線と交わるように伸ばして記入する。金額を合計したら二重の締切り線で区切らなければならない。

第4節　フローを表す2要素と期間損益

(1) 費　用、収　益

前節の説明により、期首および期末の2つの時点の貸借対照表を用いれば期間損益計算が可能となることが示された。ただし、この場合に得られる期間損益は、結果としての数値であって、それがどのような原因によって増減したのか、すなわち、増減の要因に関する詳細は、依然明らかにされていない。そこで、純損益が減少する要因と増加する要因とを直接観察する必要が生じる。これに応えるのが、フローを表す費用および収益の2要素である。

費用（expense）は、企業のビジネス活動において、純資産の減少を導く原因を示している。例えば、仕入（商品仕入時の購入原価）、給料（従業員に払った労働への対価）、支払家賃（借りている事業用建物に対する賃貸料等）、支払地代（借りている土地に対する賃貸料等）、旅費交通費（公共交通機関の代金）、水道光熱費（電気、ガス、水道の使用料金）、通信費（電話、切手等に対する代金）、支払利息（融資を受けた資金に対する利息等）等の勘定がある。

収益（revenue）は、企業のビジネス活動において、純資産の増加を導く原因を示している。例えば、売上（商品販売時の売価）、商品売買益（販売商品に付加されていた利益）、受取手数料（仲介その他の業務に対する手数料）、受取地代（貸している土地の地代）、受取利息（預金、貸付金等などの利息）等の勘定がある。

（2）期間損益の算定

一定期間のビジネス活動で生じた損益は、純資産の増加要因（収益）と純資産の減少要因（費用）の２要素を用いて算定される。具体的には、当期の収益から、当期の費用を差し引くことで期間損益を求める（式⑥）。期間損益は、プラスなら期間利益（net income）マイナスなら期間損失（net loss）と表される。

【式⑥：期間損益の算定式】

期間損益	＝	収　益	－	費　用
		（純資産の増加要因）		（純資産の減少要因）

第5節　損 益 計 算 書

（1）損益計算書とは？

損益計算書（Profit and Loss Statement：P/L、またはIncome Statement：I/S）は、一定の会計期間における企業のビジネス活動に関する経営成績（operating results）を表すひとつの財務諸表である。

一会計期間の経営成績は、期間損益の算定式（式⑥）を変形して得られる損益計算書等式（式⑦）に基づき損益計算書に表される。

【式⑦：損益計算書等式】

当期費用	＋	当期純損益	＝	当期収益
（企業外部に流出した金額）				（企業に流入した金額）

損益計算書等式の右辺は、当期に生じた純資産の増加要因、すなわち収益を表しており、販売等によって資金がどれだけ流入したか、あるいはどれだけ流入に結びつく事象が生じたかが示されている。

これに対して、損益計算書等式の左辺には、基本的に２つの要素が表されている。ひとつは、当期において生じた純資産の減少要因、すなわち費用を表しており、当期の販売成果に結びつく努力が当期にどれだけ行われてきたのかが示されている。これは同時に、既に企業が投下運用している資本の金額をも表している。したがって、純資産の増加要因として流入してきた金額のうち、この金額が回収されたか否かをみれば、投下資金の回収状況が判明する。もうひとつは、収益が費用を上回る（下回る）ことで当期に得られた純資産の増減差額あるいは余剰（不足）としての当期純利益（当期純損失）である。

（2）損益計算書のひな形

図表2－3は損益計算書のひな形例（勘定式）である。貸借対照表と同様、これを見ながら損益計算書の形式面について説明を加えよう。

まず、貸借対照表の場合と同様に、企業等の名称を、損益計算書の左上に記載し、損益計算を行った会計期間をタイトルの下に記載する。次に、見出し行の次の行から勘定科目と金額を、左側の借方と右側の貸方にそれぞれ一定の順序で記載する。

全ての勘定について勘定名と金額を記入し終えたら、金額を合計線で区切る。この際、借方と貸方を比べて行の多いほうに合計線の位置を合わせるため、少ない側の勘定記入欄と金額記入欄が余白になる。ここでも追加的記入できないように、図表2－3のように余白に斜線をいれ、合計線を斜線と交わるように伸ばして記入する。金額を合計したら二重の締切り線で区切れば良い。

図表2-3　損益計算書のひな形例（勘定式）

損益計算書

○○商店　　××年○月×日から××年□月△日

費用	金額	収益	金額
売上原価	500	売上高	1,000
給料	200		
支払利息	100		
当期純利益	200		
	1,000		1,000

〜〜〜　**Tフォームと箱形図**　〜〜〜〜〜〜〜〜〜〜〜〜〜〜〜〜〜〜〜〜〜〜〜

簿記のテキスト等では、正式なひな形を用いず、簡略化する場合が慣例的に見られる。これには大別して２つの方法がある。ひとつは、Tフォーム（T form account）と呼ばれるもので、縦横の罫線だけを書き、左側を借方、右側を貸方と見て、それぞれに勘定科目と金額を記入する。

図表2-4　Tフォームの例

貸借対照表

（借方）		（貸方）	
現金	1,500	借入金	500
		資本金	1,000

もうひとつは、このTフォームを発展させ、量的な要素を視覚的に加味した箱形図である。この箱形図によれば、金額の大きさや割合をその項目の箱の大小によって表現できるため、ある表や勘定から別の表や勘定に金額が移される場合等、その関係をイメージがしやすいという利点がある。

図表2-5　箱形図による貸借対照表の例

貸借対照表

現金　1,500	借入金　500
	資本金　1,000

図表２－４にはＴフォームの、図表２－５には箱形図の貸借対照表がそれぞれ示されている。両者を比べると図表２－５の方が、調達金額の割合に応じて、貸方勘定それぞれの箱のサイズを変えられるので、イメージが伝わりやすいことがわかる。

～～～～～～～～～～～～～～～～～～～～～～～～～～～～～～～～～～～

第６節　設例による理解

【設　例】

個人企業Ａが×１年１月１日から12月31日までの会計期間に行った①から③の取引に基づいて、期首および期末の貸借対照表と，損益計算書を作成しなさい（減価償却は行わないものとする）。

①１月１日に、現金1,000を元入れし、さらに現金500を銀行から借入れて事業を始めた。

②調達した現金の期中の使途は、次の通りである。
事務所の賃借料100、営業用車両400の購入、商品の仕入れ500

③商品は仕入れた分すべてを700で販売した。代金は現金で400を受取り、残額は掛けとした。

設例の①から③までの取引を資金循環の流れから整理すると次のようになる。

まず、取引①は資金調達の取引である。この時点が期首であるので、この時点の財政状態を期首貸借対照表として表すことが出来る。図表２－６は、Ａ社の×１年１月１日時点の期首貸借対照表である。

図表2-6　期首貸借対照表

期首貸借対照表
A社　　**×1年1月1日**

（資産）		（負債および純資産）	
現金	1,500	借入金	500
		資本金	1,000
合計	1,500	合計	1,500

図表2－6の貸方は、資金の調達源泉が示されている。将来返済を要さない自己資本として、株主からの出資分が1,000計上され、将来返済を要する他人資本として銀行の融資分が500計上されている。借方には、調達された資金が、使用されずに現金1,500として計上されている。

次に、取引②は調達した資金を用いて行った期中取引であり、ここでは期中に行ったビジネス活動のうち投下運用に関わるものが示されている。最後の取引③は期中取引であり、期中に行ったビジネス活動のうち、販売回収に関わるものが示されている。

これらの取引を終え、期末時点では、会計期間の経営成績に関する損益計算書が作成され、また期末時点の財政状態をあらわす貸借対照表が作成される。

図表2-7　損益計算書

損益計算書
A社　**×1年1月1日から×1年12月31日**

（費用）		（収益）	
売上原価	500	売上高	700
支払家賃	100		
当期純利益	100		
合計	700	合計	700

図表2－7は、当期中の費用および収益を計上した損益計算書であり、A社の当期の経営成績が示されている。商品売買については三分法（第6講第2節(1)で詳述）が用いられている。商品の仕入れが500、販売が700なので、商

品の売買からは200の利益が生じているが、賃貸料というコストを100負担したため、当期の純利益は100となっている。

このように損益計算書では金額とともに純資産の増減要因が明らかになる。

図表2-8　期末貸借対照表

期末貸借対照表
A社　×1年12月31日

（資　産）		（負債および純資産）	
現　金	900	借入金	500
売掛金	300	資本金	1,000
車両運搬具	400	当期純利益	100
合　計	1,600	合　計	1,600

図表２－８は、Ａ社の期末貸借対照表を表したものである。借方は、ビジネス活動の結果資金がどのように運用されているのかが示されている。貸方においては、期首の資金調達源泉には期中において変化が無かったことが示されており、そのうえで当期のビジネス活動によって当期純利益が100生じていることが示されている。ただし、これは結果としての金額を表示するのみであり、その増減の要因はここでは明らかにされていない。

注目すべきは、純資産の増減結果を表す貸借対照表と増減の原因を表す損益計算書が、基本的には、同じ当期純利益を算定している、つまり一致していることである。このメカニズムについては、第４講第６節（3）で詳述する。

図表2-9　個人企業の貸借対照表と損益計算書における当期純利益の一致

貸借対照表

借方		貸方	
現　金	900	借入金	500
売掛金	300	資本金	1,000
車両運搬具	400	純利益※	100

損益計算書

借方		貸方	
売上原価	500	売上高	700
支払家賃	100		
純利益	100		

（両表の純利益が）一致

※株式会社の場合は、当期純損益は繰越利益剰余金に振替られて表示される。

第3講
「勘定」による記録・計算

第1節　「勘定」という計算単位

企業のビジネス活動のうち、2つの財務諸表を構成する5つの要素（資産、負債、純資産、費用、収益）について変動（増減）を生じさせるものを「取引(transaction)」といい、一般的には取引とされるものでも、金銭的な変動が無く、5要素の変動に関係無いものは含まない。

取引は、様々な観点から分類することが出来る。なかでも重要なのは損益の増減をもたらすか否かという観点から行われる分類である。損益取引は損益の発生とそれに伴う財産変動に関わる取引である。これに対し、交換取引は財産の変動に関わる取引である。取引の中には交換取引と損益取引が同時に発生するものもあり、これは混合取引と呼ばれる。

複式簿記において取引を帳簿に記入する際には、「勘定」という基本的な記録単位が用いられる。勘定は、財務諸表を構成する5要素をさらに細分化したものであるため、ある勘定科目の変動を記録することによって、5要素のいずれかが変動することになる。既に説明したように、5要素は、2つの財務諸表の構成要素であるから、結局のところ、企業のビジネス活動を取引として捉えて勘定の変動を記録することは、最終的に2つの財務諸表の数値を変動させることにつながるのである。この関係を示したのが図表3－1である。

図表3-1　勘定の変動と5要素，財務諸表、損益計算の関係

	（勘定科目）		（5要素の動き）	（財務諸表）	（損益計算）
取引	現金、売掛金等の動き	→	資産の変動	B/Sの数値変化	損益数値の変動
	買掛金、借入金等の動き	→	負債の変動		
	資本金等	→	純資産の変動		
	給料、支払利息等の動き	→	費用の変動	P/Lの数値変化	
	商品販売益等の動き	→	収益の変動		

第2節　勘定記入のルール

（1）「勘定」による記録・計算

複式簿記では、取引によって生じた勘定の変動を記録・計算するため、帳簿上に勘定口座を設ける。勘定口座には、変動を記入する箇所が、借方（debit, debtor, Dr）と貸方（credit, creditor, Cr）の2面用意されている。取引を複式に捉えて、2つの面を使い分けながら勘定に複式記入（double-entry）することで、取引による変動を豊かにかつシステマティックに表現するのである。

図表3-2　勘定口座の様式

（標準式）

××勘定

○年		摘　要	仕丁	借　方	○年		摘　要	仕丁	貸　方

（残高式）

××勘定

○年		摘　要	仕丁	借　方	貸　方	借/貸	残　高

「勘定」を用いて行う複式簿記の記録・計算には、次の決まりがある。

【勘定記入の基本的考え方】

①勘定の増加（increase）・減少（decrease）の記入側が借方・貸方いずれになるかは、５要素のいずれに属するかによって決まる。

②増加の記入側には増加データだけを累積させ、減少の記入側には減少データだけを累積させる。

③残高（balance）は、増加側の累積額と減少側の累積額の差額である。

勘定における計算のユニークさを理解するため、第２講第６節の設例における現金の動きに注目して現金勘定の記録・計算を考えよう。

まず、資金調達活動を通じて、①$_1$期首において出資者から1,000、①$_2$銀行から500の現金を調達している。これは現金勘定の増加であるから、現金勘定の借方に計上される。

次に、期中の資金の投下運用活動では、②$_1$事務所の賃借料100、②$_2$車両購入400、②$_3$商品仕入れ500が行われ、現金が流出する。これは現金の減少であるから、すべてを現金勘定の貸方に計上する。

最後に、販売活動・資金回収であるが、③$_1$期中において商品が700で販売され、そのうち400の現金が流入する。そこで、現金400の増加を現金勘定の借方に記入する。残りは売掛金（未回収）である。これら取引による現金の動きを現金勘定で表すと図表３－３のように記帳される。

図表3-3 設例の現金勘定

現　金

①$_1$	1,000	②$_1$	100
①$_2$	500	②$_2$	400
③$_1$	400	②$_3$	500

通常我々は、取引が行われる都度、発生順にその残高を計算し把握しようとする。例えば、現金流入だけの①が終わった時点では現金残高1,500、現金流

出だけの②が終わった時点では現金残高500、そして現金収入が一部生じる③が終わった時点では現金残高900を把握する。

ところが、勘定を用いることで、一期間の取引記録が増加要因は借方に減少要因は貸方に整理され、相手勘定も付して日付順に記入される。そのため、都度計算だけではなく、例えばトータルでどのくらいの増加（あるいは減少）となるのかを計算したり、個々の取引における現金の流出入の頻度や能率の良否等を考えたり等々、様々な計算を勘定において行うことが出来るのである。

（2）勘定の記入法（勘定記入のルール）

複式簿記の勘定による計算のゴールは、残高の一覧表たる貸借対照表と損益計算書の作成である。この目的のため、各勘定には記入の段階で１つの大きなルールが規定されている。それは勘定残高が生じる側を、財務諸表における表示側と同じ側にするというルールである。これを示したのが図表3－4である。

図表3-4　勘定記入法と財務諸表の表示位置の関係

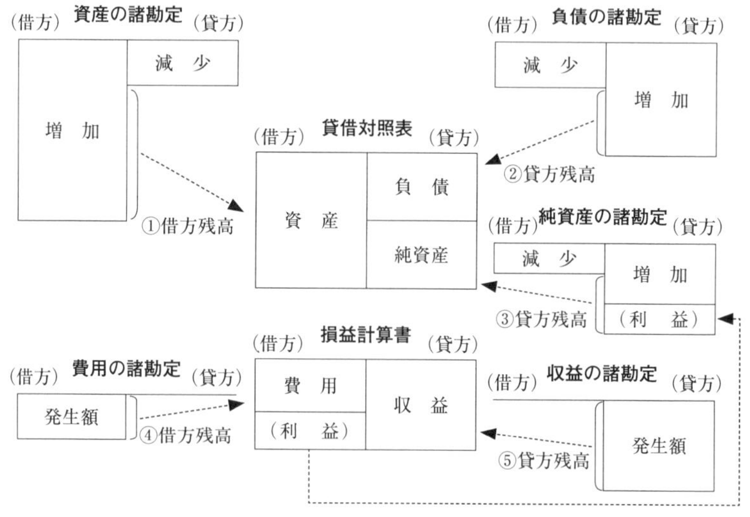

第３節 仕訳の手順と役割

（1）仕 訳 の 手 順

「勘定」という単位を用いて記録・計算を行うことで取引データが勘定ごとに整理され貸借対照表と損益計算書の２つの財務諸表の基礎データが得られる。

しかしながら、日常における記帳活動では、総勘定元帳の各勘定への記入に先立って、仕訳という手続きを一旦行い、その上で勘定の増減データを各勘定口座に転記するという手順が採られる。このような手間のかかる手順を踏む理由は、一体どのようなものであろうか。

企業は、自らの行ったビジネス活動を取引と捉え、帳簿に勘定科目と金額を用いて日付ごとの取引データを記録する。このとき行われるのが取引の仕訳（journal entries）である。取引の仕訳は、基本的に次の手順によって行われる。

【手順①：取引の科目分解】

取引が行われると、どの勘定科目に影響が及び数値が変動するのかを２面的に捉える必要が生じる。この手続きを、取引の科目分解という。

【手順②：取引の結合関係】

取引によって変動する幾つかの勘定が、それぞれ借方および貸方のいずれに関わる動きであるのか、勘定の記入法（図表3－4）に基づいて判断し、借方要素と貸方要素の各勘定がどのように結びついているのか、すなわち取引要素の結合関係（図表3－5）を明らかにする。

図表3-5　取引要素の結合関係

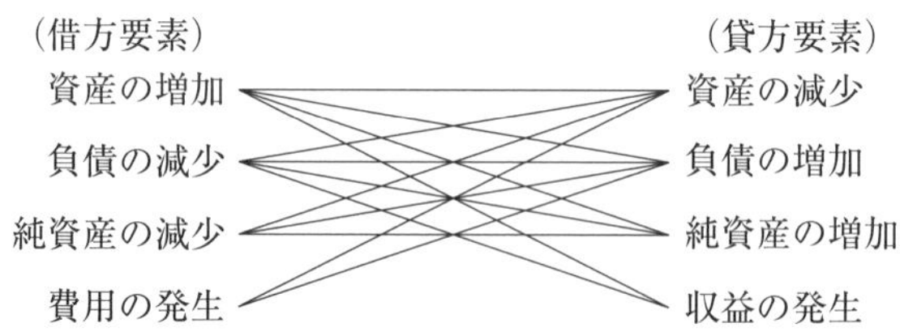

【手順③：貸借のバランス・金額の記入】

借方および貸方それぞれの金額が全体として同額となるように、貸借のバランスを揃えながら各勘定の金額を記入する。仕訳の貸借がバランスすることではじめて、その後の勘定記入や試算表において貸借平均の原理が成り立つ。

（2）仕訳によるビジネス活動の描写

ここでは、具体的な仕訳例を企業の資金循環の流れに沿って示す。

【資金調達活動の仕訳例】

取引1：4月1日　三田運送は、現金5,000を元入れして運送業を開業した。

手順① 取引の科目分解　現金勘定（流入）、資本金勘定（増加）

手順② 取引の結合関係　資産（増加）、純資産（増加）

手順③ 貸借の金額　借方 5,000、貸方 5,000

（借方）	現　金 （資産の増加）	5,000	（貸方）	資 本 金 （純資産の増加）	5,000

この事業開始（Opening of business）の取引では、三田運送がビジネス活動の元手を出資者から現金で調達している。調達した現金は、後のビジネス活動において自由に運用できるが、一方で、元手としての資本金5,000の調達源泉が出資者であることは明確に記録しておく必要がある。

取引２：４月２日　弘前銀行から2,000の融資を受けた。

手順① 取引の科目分解　現金勘定（流入）、借入金勘定（増加）

手順② 取引の結合関係　資産（増加）、負債（増加）

手順③ 貸借の金額　借方 2,000、貸方 2,000

（借方）	現　金 （資産の増加）	2,000	（貸方）	借入金 （負債の増加）	2,000

この取引で三田運送は、弘前銀行から融資を受け、他人資本として現金を調達している。融資を受けた借入金（loan）は返済が必要であるため負債となる。融資については、後述するように、借入額の返済とその借入期間の利息負担が課されるため、満期時における返済と約定した利息（interest）の支払いに関する処理が必要となる。

【資金の投下・運用活動の仕訳例】

取引３：４月５日　運送業務用のトラックを3,000で購入した。

手順① 取引の科目分解　車両運搬具勘定（購入）、現金勘定（流出）

手順② 取引の結合関係　資産（増加）、資産（減少）　・・・・交換取引

手順③ 貸借の金額　借方 3,000、貸方 3,000

（借方）	車両運搬具 （資産の増加）	3,000	（貸方）	現　金 （資産の減少）	3,000

運送業務用のトラックは長期にわたり三田運送のビジネス活動に利用され、運送業務からの収益を獲得し続ける。このような資産を有形固定資産という。ここでは資産購入（asset purchase）取引によりトラックという有形固定資産が増加し、一方でその対価として現金という資産が流出している。つまり、資産と資産の交換取引が行われているのである。

取引４：４月10日　ガソリン代500を現金で支払った。

手順① 取引の科目分解　消耗品費勘定（支払）、現金勘定（流出）

手順② 取引の結合関係　費用（発生）、資産（減少）

手順③ 貸借の金額　　　借方　500、貸方　500

（借方）	消耗品費 （費用の発生）	500	（貸方）	現　　金 （資産の減少）	500

三田運送がビジネス活動を行う上で、トラックにガソリンを給油することは必須であり、そのための出費が必要とされる。こうした出費は一般には経費と言われるが、簿記上は明細を示す様々な費用勘定を用いて記録されている。ガソリン代（fuel expense）の勘定科目は用途によって色々考えられるが、ここでは消耗品費（supplies）勘定を用いて処理している。

取引５：４月15日　給料500を現金で支払った。

手順① 取引の科目分解　給料勘定（発生）、現金勘定（流出）

手順② 取引の結合関係　費用（発生）、資産（減少）

手順③ 貸借の金額　　　借方　500、貸方　500

（借方）	給　　料 （費用の発生）	500	（貸方）	現　　金 （資産の減少）	500

従業員に対する給料（salary）や工場労働者に対する労働対価（wage）としての賃金の支払も、三田運送がビジネス活動を行う上で欠かせない。給料支出や賃金支出は、簿記上は費用として記録される。この取引では、発生した費用に見合う現金が支出されている。

取引６：４月20日　事務所の家賃１ヶ月分500を支払った。

手順① 取引の科目分解　支払家賃勘定（発生)、現金勘定（流出）
手順② 取引の結合関係　費用（発生)、資産（減少）
手順③ 貸借の金額　借方　500、貸方　500

(借方)	支払家賃 (費用の発生)	500	(貸方)	現　金 (現金の減少)	500

事務所等を借りた場合、賃借料（rent expense）が生じる。毎月の家賃の支払いは、費用勘定のひとつである支払家賃で処理を行う。

【販売・回収活動の仕訳例】

取引７：４月25日　依頼された運送を行い代金2,000を受領した。

手順① 取引の科目分解　現金勘定（流入)、売上勘定（発生）
手順② 取引の結合関係　資産（増加)、収益（増加）
手順③ 貸借の金額　借方　2,000、貸方　2,000

(借方)	現　金 (資産の増加)	2,000	(貸方)	売　上 (収益の発生)	2,000

この販売取引（sales transaction）では、三田運送の本業である運送業務を行い、対価を受領した場合が示されている。代金2,000は本業の収入であるので収益勘定を用いて処理を行う。運送業の収益勘定も色々考えられるが、ここでは売上勘定を用いて処理する。

(3) 仕訳の役割

以上の仕訳手順の観察を通じて、複式簿記において取引を各勘定に記録する前段階で仕訳を行う理由が明らかになる。

第1に、仕訳を通じて取引データが発生した日付順に記録され蓄積することで、仕訳帳に日付順のデータベースとしての役割を与えることが可能となる。これにより、当該企業に関する会計情報を必要とする様々な主体は、仕訳記録のデータベースである仕訳帳を用いて、日々の取引概要について、いつでも確認・検証することが可能となる。

第２に、仕訳によって５要素に関わる勘定の変動が一旦規則的に帳簿に記録されることで、転記を行う際に、この規則的な仕訳記録に基づいて勘定口座への記入活動を洩れなくかつ正確に行うことが出来るようになる。その意味において、仕訳は勘定記入を合理的・効果的に行うための準備手続きの役割を担っているといえるだろう。

（4）振替仕訳とその意味

簿記では勘定を用いて計算を行うが、その際、簿記特有の考え方や手続きが多く存在する。そのひとつが振替（transfer）という概念である。振替は複式簿記上の演算に関わる機能を有するため、これを理解することは簿記スキルの習得上、非常に重要である。

ある勘定の借方から別の勘定の借方に、あるいはある勘定の貸方から別の勘定の貸方に、特定の金額（数値）を書き移すことを振替という。これを仕訳によって行うのが振替仕訳である。

例えば、これまで現金勘定と預金勘定を別々に用いてきたが当期首より現金預金という勘定に統合することとした場合、現金勘定には200、預金勘定には300の残高があったとすると、次のように仕訳が行われる。

【振替仕訳の例】

（借方）	現金預金	500	（貸方）	現　　金	200
				預　　金	300
	（振替先の新勘定）			（振替元の各勘定）	

ここでは、振替元の現金勘定と預金勘定のそれぞれの残高を、振替先である

現金預金勘定に書き移す作業が行われる。図表3－6では、振替仕訳によって金額がどのように移されたのかが具体的に示されている。振替前は現金勘定に借方残高200、預金に借方残高300が存在していたが、振替仕訳によって現金残高も預金残高もゼロとなり、代わりに現金預金勘定の借方残高に両者の残高が書き写されている。

図表3-6 振替仕訳による勘定金額の移動（例）

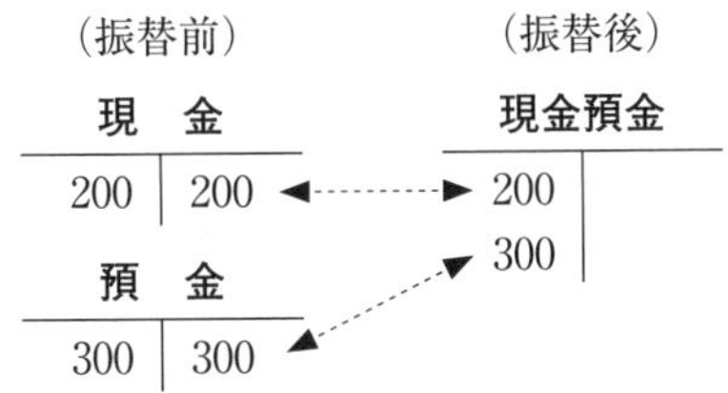

＊振替前も後も借方合計は500で同じ！

振替仕訳は既に記帳済の取引数値を移動させる作業であり、振替の前後で個々の勘定残高は変化させても、すべての勘定の借方合計や貸方合計には影響を与えない。それゆえ、振替仕訳は、現金過不足等の仮勘定の処理、決算整理時の経過勘定の処理、決算本手続きにおける集計等、勘定という単位を用いて計算を行う複式簿記の基本演算に多く利用されている。これも仕訳という作業がわざわざ用いられるひとつの理由である。

第4節 転 記 の 手 順

(1) 転 記 と は ？

仕訳によって2面的に把握された発生・日付順の取引データは、勘定記入法に従って借方要素および貸方要素、それぞれが仕訳帳と並ぶもうひとつの主要簿である総勘定元帳（Ledger）の勘定口座に書き移され、勘定ごとのデータベースとして再構成される。この作業を転記（posting）という。

【手順①：勘定科目名と貸借の確認】

仕訳データの勘定科目に着目し、その勘定科目が借方と貸方のいずれに記載されているかを確かめる。

【手順②：借方要素の移記】

借方に仕訳された勘定の金額（amount）を、その勘定口座の借方に、日付（date）を記入した上で書き移す。この際、勘定の金額が変動した原因を示すため、日付と金額の間に、仕訳の相手勘定を記入する。

【手順③：貸方要素の移記】

貸方に仕訳された勘定の金額を、その勘定口座の貸方に、日付を記入した上で書き移す。この際、金額変動の原因を示すため、仕訳の相手勘定を日付と金額の間に記入する。

（2）転記によるビジネス活動の描写

ここでは、転記の基本的な流れと役割を理解するため、第３節において仕訳した取引１から取引７までの一連のビジネス活動の仕訳データを用いて勘定口座（Ｔフォーム）への転記を考えてみよう。

【資金調達活動の仕訳例】

取引１：４月１日　三田運送は、現金5,000を元入れして運送業を開業した。

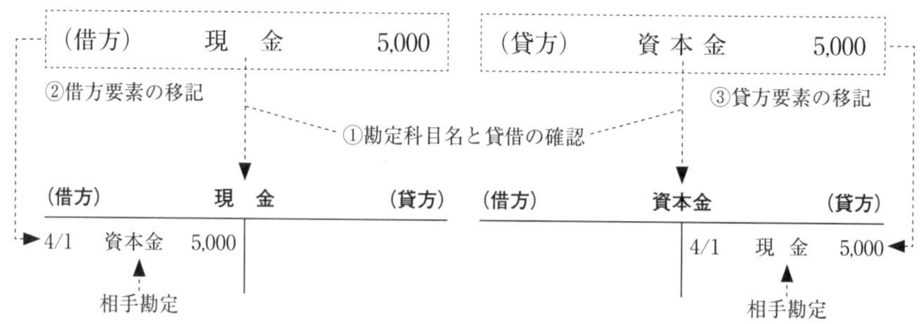

まず、取引1の仕訳データの転記である。借方は現金の流入による増加を表している。そのため、現金勘定の借方に日付と金額を移記し、その2つの間に相手勘定である資本金を記入する。記入後の現金勘定をみると、4月1日に資本金として5,000の現金流入が記述されていることが分かる。一方、仕訳の貸方は資本金勘定の増加であるから、元帳の資本金勘定の貸方に日付と金額を移記し、その2つの間に相手勘定である現金を記入する。これによって、4月1日に5,000の現金流入に伴って、出資者への責務が増加したことが分かる。

取引2：4月2日　弘前銀行から2,000の融資を受けた。

(借方)	現　金	2,000	(貸方)	借入金	2,000

(借方)　現　金　(貸方)

借方			貸方
4/1	資本金	5,000	
/2	借入金	2,000	

(借方)　借入金　(貸方)

借方	貸方		
	4/2	現　金	2,000

取引2は他人資本の調達であるから、借方は現金の流入という点で取引1と同様の移記がなされるが、貸方は、借入金勘定が増加する。そこで、貸方の借入金勘定の日付と金額のデータを、総勘定元帳の借入金勘定の貸方に移記し、その間に相手勘定の現金を記入する。これによって4月2日に現金で借入れた2,000に対する返済義務が示される。

【資金の投下・運用活動の仕訳例】

取引3：4月5日　運送業務用のトラックを現金3,000で購入した。

(借方)	車両運搬具	3,000	(貸方)	現　金	3,000

(借方)　車両運搬具　(貸方)

借方			貸方
4/5	現　金	3,000	

(借方)　現　金　(貸方)

借方			貸方		
4/1	資本金	5,000	4/5	車両運搬具	3,000
/2	借入金	2,000			

取引3の借方の車両運搬具は有形固定資産であり、この3,000の増加が、転記によって元帳の車両運搬具勘定の借方に移記されている。日付と金額を記入後、その間に相手勘定を記入する。

貸方はトラックの購入に伴う現金流出（減少）であり、この移記により、4月2日までに7,000（4月1日5,000と4月2日2,000）流入した現金のうち3,000が流出し、残り（残高）が差額の4,000となっている様子が明記される。

取引4：4月10日　ガソリン代500を現金で支払った。

（借方）	消耗品費	500	（貸方）	現　金	500

（借方）　消耗品費　（貸方）

4/10	現　金	500	

（借方）　現　金　（貸方）

4/1	資本金	5,000	4/5	車両運搬具	3,000
/2	借入金	2,000	/10	消耗品費	500

この取引4では費用が現金によって支払われている。そこで、借方側には、消耗品費という費用勘定の借方に日付と金額を移記し、その間に相手勘定を記入する。一方の貸方は、現金流出500の分だけ現金勘定の貸方に移記する。現金勘定の残高は、さらに減少して3,500となる。

取引5：4月15日　給料500を現金で支払った。

（借方）	給　料	500	（貸方）	現　金	500

（借方）　給　料　（貸方）

4/15	現　金	500	

（借方）　現　金　（貸方）

4/1	資本金	5,000	4/5	車両運搬具	3,000
/2	借入金	2,000	/10	消耗品費	500
			/15	給　料	500

この取引5も費用の現金支払である。そこで、借方側には、給料という費用勘定に日付と金額を移記し、その間に相手勘定の現金を記入する。この結果、4月15日に現金によって給与を支給したことが示される。貸方は、取引4と基

本的に同じである。すなわち、現金流出の500を現金勘定の貸方に移記する。この結果、現金残高は、さらに減少して3,000となる。

取引6：4月20日　事務所の家賃1ヶ月分500を現金で支払った。

(借方)	支払家賃	500	(貸方)	現　金	500

支払家賃

(借方)			(貸方)		
4/20	現　金	500			

現　金

(借方)			(貸方)		
4/1	資本金	5,000	4/5	車両運搬具	3,000
/2	借入金	2,000	/10	消耗品費	500
			/15	給　料	500
			/20	支払家賃	500

費用の現金支払は、この取引6でも行われる。借方側は、支払家賃という費用勘定に日付と金額を移記し、その間に相手勘定の現金を記入する。この結果、4月20日に現金によって家賃を支払ったことが示される。貸方は、取引4および取引5と基本的に同じである。現金流出の500を現金勘定の貸方に移記する。そのため、現金残高は2,500となる。

【販売・資金の回収活動の仕訳例】

取引7：4月25日　運送業務の依頼があり、運送を行い代金2,000を受領した。

(借方)	現　金	2,000	(貸方)	売　上	2,000

現　金

(借方)			(貸方)		
4/1	資本金	5,000	4/5	車両運搬具	3,000
2	借入金	2,000	10	消耗品費	500
25	売　上	2,000	15	給　料	500
			20	支払家賃	500

売　上

(借方)			(貸方)		
			4/25	現　金	2,000

この取引7の転記では、貸方には売上勘定の日付と金額が移記され、その間

に相手勘定が記入される。その結果、4月25日に運送による現金流入が2,000あったことが明記される。また、現金勘定の借方には現金の増加が移記され、その要因が売上であったことが示されている。

第4講
帳簿と試算表・精算表

第1節　帳　簿　組　織

(1) 帳　簿　体　系

複式簿記では、次の図表4－1のような帳簿体系が整えられている。

図表4-1　複式簿記の帳簿体系

- 帳簿
  - 主要簿
    - 仕訳帳（日付順の取引に関するデータベース）
    - 総勘定元帳（増減と原因を示す勘定ごとのデータベース）
  - 補助簿
    - 補助記入帳（特定の取引の明細を発生順に記録）
      - 現金出納帳、小口現金出納帳、当座預金出納帳、仕入帳、売上帳、受取手形記入帳、支払手形記入帳等
    - 補助元帳（特定の勘定の明細を発生順に記録）
      - 商品有高帳、売掛金元帳、買掛金元帳、固定資産台帳、営業費内訳表等

複式簿記にとって、主要簿は欠くことのできない帳簿である。それは、帳票作成に必要な基本データを、仕訳帳（Journal）は日付順に、総勘定元帳は勘定ごとに、それぞれ整理し記録する機能を担っているからである。

これに対して補助簿は、補助記入帳が特定の取引の明細を、補助元帳が特定

の勘定の明細をそれぞれ記録し、主要簿を補完する役割を担っており、使用者側のニーズに応じて、適宜利用される。

（2）帳簿組織の立案

企業の記帳に対するニーズは、それぞれのビジネス活動の内容等によって異なる。そこで企業は、自らの記帳に対するニーズに応じて、主要簿に加えて各種の補助簿を選択し、様々な帳簿組織を立案して利用することができる。

実際に、帳簿組織を立案するに際しては、次の事項を考慮する必要がある。

【帳簿組織を立案する際の考慮すべき事項】

①合理的・効率的に記帳を行い得るように、手数と費用の節約を図る。

②誤り・不正について、自動的に防止し得るような帳簿組織を構築する。

第２節　仕訳帳の記入法

仕訳帳には、日常のすべての取引が記入される（後述のように仕訳帳は、期末には締め切られる）。仕訳帳の記入方法については次の通りであり、記入例は図表４－２である。

①日付欄・取引の生じた月日を記入する。ただし、同月の取引の場合には、各ページの最初だけに記入する。

②摘要欄・勘定科目と取引内容を記入する。仕訳の借方勘定は、欄の中央より左側に（　）をつけて記入し、貸方勘定は、同様に次の行の右側に記入する。

・勘定科目が複数の場合、最初の行に「諸口」とだけ記入し、その下の行にそれぞれの勘定を記入する。最後の行には、取引内容の小書きを記入する。

③借方欄・貸方欄

・仕訳の借方金額は借方欄に貸方金額は貸方欄に記入する。

④元丁欄・仕訳は総勘定元帳に転記されるが、転記を行った際に記入した勘定口座の番号またはページを記入する。

⑤その他・取引ごとに、摘要欄に赤の単線を引き区切る（区切線を書く）。

・１つの取引は、必ず同一のページに記入する。

・次のページに移る際、一旦合計線を引いた上で合計額を記入し、それから摘要に「次ページへ」と記入する。次のページの摘要にも「前ページから」と記入し、借方および貸方それぞれの合計額を移記する。

・会計期間全てが終了した時は合計線を引き、借方欄および貸方欄に合計金額を記入し、赤の二重線（締切線）で締め切る。なお、この合計額は，後述する合計試算表の借方および貸方の総合計と一致する。

図表4-2　仕訳帳の記入例

仕　訳　帳　　1

×年		摘　要	元丁	借　方	貸　方
1	1	(現　金)	1	1,000,000	
		(資本金)	7		1,000,000
		元入を受けて開業			
		(仕　入)	4	200,000	
	3	(現　金)	1		200,000
		A商店より仕入れ			
	7	(仕　入)　諸　口	4	300,000	
		(現　金)	1		200,000
		(買掛金)	6		100,000
		B商店より仕入れ			
		次ページへ		2,000,000	2,000,000

仕訳帳のページ
小書き
区切り線
余白の斜線
合計線
これまでの合計額

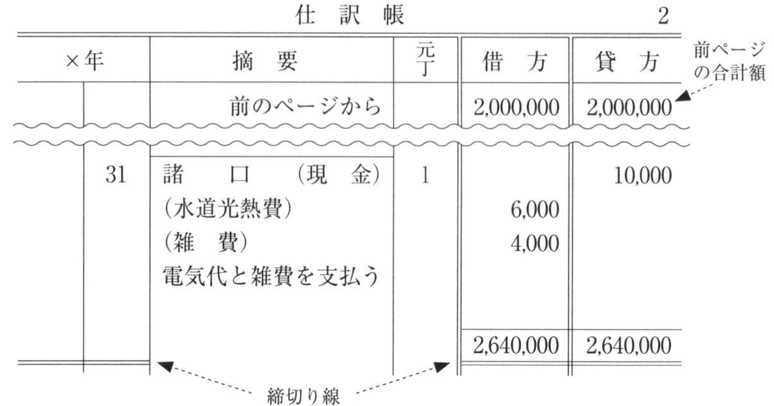

仕　訳　帳　　2

×年		摘　要	元丁	借　方	貸　方
		前のページから		2,000,000	2,000,000
	31	諸　　口　（現　金）	1		10,000
		（水道光熱費）		6,000	
		（雑　費）		4,000	
		電気代と雑費を支払う			
				2,640,000	2,640,000

第３節　仕訳帳の代替としての伝票

仕訳帳は主要簿であるが、実務上は、仕訳帳の代わりに、一定の様式を備えた伝票（slip）を用いることがある。伝票の利用には幾つか方式がある。

①１伝票制

この方式は、仕訳伝票１種類を用いて記録を行うものであり、１取引ごとに１枚の伝票を用いて処理を行う。仕訳伝票の例は図表4－3の通りである。

図表4-3　仕訳伝票の例

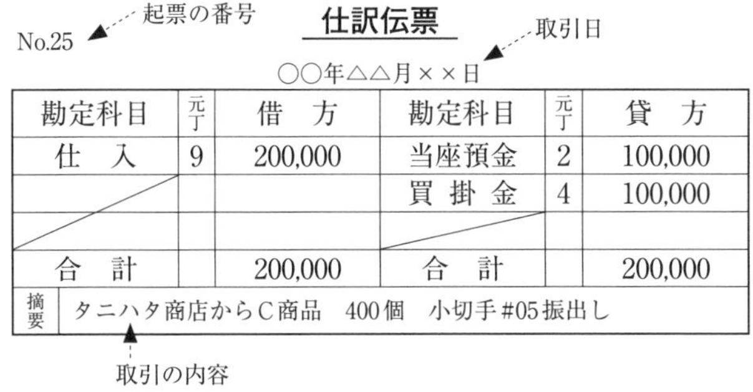

仕訳伝票

No.25

○○年△△月××日

勘定科目	元丁	借　方	勘定科目	元丁	貸　方
仕　入	9	200,000	当座預金	2	100,000
			買 掛 金	4	100,000
合　計		200,000	合　計		200,000
摘要	タニハタ商店からC商品　400個　小切手#05振出し				

② 3 伝 票 制

現金取引には入金伝票と出金伝票を用い、それ以外の取引については振替伝票（transfer slip）方式である。各伝票の例は、図表4－4の通りである。

図表4-4　入金伝票・出金伝票・振替伝票の例

取引日　**入金伝票**　起票の番号

○○年△△月××日　No.19

科目	売掛金	入金先	アライ商店
摘　要			金　額
5月分掛売代金			150,000
合　計			150,000

取引日　**出金伝票**　起票の番号

○○年△△月××日　No.12

科目	買掛金	支払先	モリタ商店
摘　要			金　額
5月分掛買代金			50,000
合　計			50,000

起票の番号　**振替伝票**　取引日

No.25

○○年△△月××日

借方科目	金　額	貸方科目	金　額
仕　入	200,000	当座預金	100,000
		買 掛 金	100,000
合　計	200,000	合　計	200,000
摘要	タニハタ商店からC商品　400個　小切手#05振出し		

取引の内容

注意が必要なのは、現金取引と振替取引が混合する一部振替取引の場合である。これには、取引を分解する方法と取引を擬制する方法の２つがある。

例えば、商品5,000を販売し、代金のうち2,000は現金で残りを掛とした場合には次のように仕訳される。

【取引を分解する方法】

（借方）	現　金	2,000	（貸方）	売　上	2,000	入金伝票
（借方）	売掛金	3,000	（貸方）	売　上	3,000	振替伝票

【取引を擬制する方法】

（借方）	売掛金	5,000	（貸方）	売　上	5,000	振替伝票
（借方）	現　金	2,000	（貸方）	売掛金	2,000	入金伝票

このほかにも３伝票制に仕入伝票と売上伝票を加えて5伝票とする方式もある。いずれの方式でも、伝票のデータは、伝票集計表に集計され、それらが仕訳集計表にまとめられた後、総勘定元帳に転記される。

第４節　総勘定元帳の記入法

既に説明したように、総勘定元帳の各勘定への記入は、勘定記入のルールに従って行われる。ここでは、仕訳データを転記によって記入する具体的な手順を示す。

勘定口座は、総勘定元帳に設けられている。総勘定元帳の各勘定口座には、ページが割り当てられ、それぞれ勘定番号が付されている。記入は次の通り行う（図表4－5)。

【総勘定元帳の勘定口座への転記】

①日付欄　仕訳の日付を記入する。月の記入は仕訳同様最初のみ。

②借方・貸方欄

仕訳帳の借方金額を該当する勘定口座の借方に記入し、貸方金額を同様に貸方に記入する。

③摘要欄　仕訳の相手勘定を記入する。（金額の変動原因を表すため）
相手勘定が複数の場合には「諸口」と記入する。

④仕丁欄　転記した仕訳が記入される仕訳帳のページを記入する。

図表4-5　総勘定元帳の勘定口座（標準式）への転記例

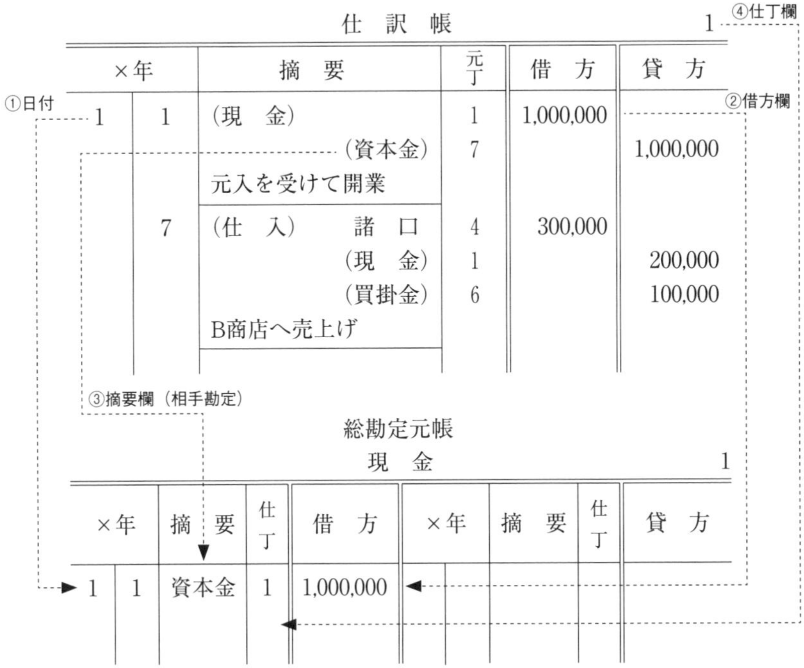

仕　訳　帳　1

×年		摘　要	元丁	借　方	貸　方
1	1	（現　金）	1	1,000,000	
		（資本金）	7		1,000,000
		元入を受けて開業			
	7	（仕　入）　諸　口	4	300,000	
		（現　金）	1		200,000
		（買掛金）	6		100,000
		B商店へ売上げ			

①日付
②借方欄
③摘要欄（相手勘定）
④仕丁欄

総勘定元帳

現　金　1

×年		摘　要	仕丁	借　方	×年		摘　要	仕丁	貸　方
1	1	資本金	1	1,000,000					

第5節　試　算　表

（1）試算表の意義と作成の目的

日常の記帳活動を通じ、総勘定元帳には勘定ごとの取引データが集積する。試算表（Trial Balance：T/B）は、勘定ごとの取引データ合計額や残高を用いて作成する一覧表である。

試算表を作成する目的のひとつは、期中に行われた仕訳帳から総勘定元帳への転記の正しさについて、貸借平均の原理に基づいて確かめるためである。すべての仕訳は、借方金額と貸方金額が必ず一致するように行われており、転記する際も、仕訳の借方金額は勘定口座の借方に、仕訳の貸方金額は勘定口座の貸方に、それぞれ同額が移記される。したがって、転記が正確に行われたのであれば、総勘定元帳のすべての勘定の借方合計額と貸方合計額は一致する。

試算表を作成する目的はもうひとつある。それは、精算表を作成する際の基礎データを得ることである。精算表は、残高試算表のデータを基礎として、それに追加・修正等を加え、貸借対照表と損益計算書の数値を計算するまでのプロセスを一覧表化したものである。つまり、精算表を正しく作成し、貸借対照表と損益計算書の数値を正確に計算するには、その前提として残高試算表のデータが正しく得られなければならないのである。

以上のように、試算表は、少なくとも一定期間の記帳活動の正確性を確認し、精算表の基礎データを得るという2つの目的を有しているため、期末（決算時）にのみ作成されるものと理解されがちである。しかし、帳簿から離れて作成されるため、より早い段階において作成して記帳の誤りを発見するのに役立てることも可能である。このため、実務上は個々の企業のニーズに応じて、毎月末（月計表）、毎週末（週計表）、毎日（日計表）等の様々な頻度によって期末以外にも作成され利用されている。

(2) 試算表の種類

試算表には、３つの種類がある。合計試算表、残高試算表、そして両方を組み合わせた合計残高試算表である。後述のように、残高試算表については決算の際、決算整理前試算表、決算整理後試算表、繰越試算表の３つがそれぞれの時点で作成される。

【合計試算表】

各勘定の借方と貸方が転記により正しく記入されていれば、借方の総合計と貸方の総合計が一致するという考えに基づき、総勘定元帳における各勘定の借方合計と貸方合計を集めた一覧表である。借方および貸方それぞれの総合計額は、転記の元データである仕訳帳の合計額と一致する。

【残高試算表】

各勘定の借方と貸方が転記により正しく記入されていれば、基本的に残高合計が一致するという考えに基づき、総勘定元帳における各勘定の残高を集めて作成された一覧表である。各勘定の貸借の差額（残高）は勘定記入法において増加を記入する側に残るので、それらを残高試算表に集計し、借方および貸方それぞれの総合計額が一致するかを確かめる。

【合計残高試算表】

これは、上記の２つの試算表の機能を、ひとつにまとめた試算表である。

図表4－6は、合計残高試算表の例である。

図表4-6　合計残高試算表の例

合計残高試算表
○○年12月31日

借方		元丁	勘定科目	貸方	
残　高	合　計			合　計	残　高
4,500	9,000	1	現　　金	4,500	
3,000	3,000	2	車両運搬具		
	1,000	4	借　入　金	3,000	2,000
		5	資　本　金	5,000	5,000
		6	売　　上	2,000	2,000
500	500	7	消耗品費		
500	500	8	給　　料		
500	500	9	支払家賃		
9,000	14,500			14,500	9,000

（3）試算表の作成手順（Preparation steps of Trial Balance）

ここでは試算表の作成について説明する。試算表の作成は、次の手順によって行われる。

まず、集計する勘定科目名を、試算表の勘定科目欄に記入する。勘定科目名に関しては、資産に属する諸勘定にはじまり、負債に属する諸勘定、純資産に属する諸勘定、収益に属する諸勘定、費用に属する諸勘定の順で記入される。つまり、貸借対照表の勘定科目が先に記入され、その後、損益計算書の勘定科目が続くという流れになっている。各要素内の順序については、財務諸表の作成に関するルールに沿って流動性配列法（換金性の高さを基準とする配列方法）による場合が多い。

その後、各勘定科目の借方金額と貸方金額にそれぞれ着目し、それらの合計金額や残高を、試算表における借方および貸方の該当する欄に記入する。合計試算表の場合には、各勘定の借方合計および貸方合計を、それぞれ同一の側、すなわち借方は借方側に、貸方は貸方側にそれぞれ記入する。残高試算表の場合には、各勘定の貸借それぞれの合計額を算定してから差額（残高）を求め、残高が生じているのが借方および貸方のどちらであるかを確認してからそれらを記入する。

（4）試算表の貸借合計が一致しない場合の調査法

試算表の借方と貸方の合計額が一致しない場合には、次の手順によって不一致の原因を調べる。

【不一致の調査手順】

①試算表の借方合計と貸方合計を計算する際に、誤りが生じていないかを調べる。
②合計額・残高を試算表に移記する際に誤りがないかを調べる。
③総勘定元帳の各勘定の合計額・残高の計算自体に誤りがないかを調べる。
④仕訳帳から元帳への転記に誤りがないかどうかを調べる。
⑤仕訳に誤りがないかどうかを調べる。

要するに、試算表の作成手続きを逆の順序で調査することによって、どの段階で誤りが生じたのかが明らかになるのである。ただし、この調査では、貸借同時に誤った場合や二重に仕訳した場合等については誤りが発見できないので注意が必要である。

第6節　精　算　表

（1）精算表とは？

精算表（Worksheet）は、決算のすべてのプロセスをひとつにまとめた一覧表であり、帳簿から離れて、一期間の経営成績、財政状態、損益等、あらましを知る目的で作成される。注意すべきは、精算表は帳簿から離れて作成される一覧表であるため、精算表を作成しただけでは帳簿の締切りや財務諸表の作成自体が、まだ正式に行われていないことである。

(2) 精算表の種類

精算表には、幾つかの種類がある。6欄(6桁)精算表、8欄(8桁)精算表、そして10欄(10桁)精算表である。

6欄(6桁)精算表は、残高試算表欄、損益計算書欄、貸借対照表欄の欄にそれぞれ借方および貸方の記入欄がある精算表である。

この精算表では、残高試算表に集められた企業のビジネス活動に関するデータが、追加・修正されることなく、そのまま2つの財務諸表の欄に分けられ記帳される。データを2つの財務諸表の欄に分けることによって、貸借対照表と損益計算書上の借方金額と貸方金額の差額が当期純利益として明らかになる。

※精算表は、決算本手続き前に作成される一覧表なので、貸借対照表欄には過年度の繰越利益剰余金と当期純利益が別々に示される(以下、他の精算表も同じ)。

8欄(8桁)精算表は、試算表欄、修正記入欄、損益計算書欄、貸借対照表欄の欄にそれぞれ借方および貸方の記入欄がある精算表である。

この精算表では、残高試算表に集められた企業のビジネス活動に関するデータが、決算整理仕訳(adjusting entries)により追加・修正された上で、2つの財務諸表の欄に分けられ記帳される。

図表4－7はこの精算表の例である。

図表4-7　8欄（8桁）精算表の例

精　算　表
○○年×月△日

勘定科目	残高試算表		修正記入		損益計算書		貸借対照表	
	借方	貸方	借方	貸方	借方	貸方	借方	貸方
資産の勘定	××		・・・	・・・			××	
負債の勘定		××	・・・	・・・				××
純資産の勘定		××						××
収益の勘定		○○	・・・	・・・		○○		
費用の勘定	○○		・・・	・・・	○○			
当期純利益					△△			△△
	□□	□□	□□	□□	□□	□□	□□	□□

10欄（10桁）精算表は、決算整理前残高試算表欄、修正記入欄、決算整理後残高試算表欄、損益計算書欄、貸借対照表欄の欄にそれぞれ借方および貸方の記入欄がある精算表である。

この精算表では、決算整理前残高試算表に集められた企業のビジネス活動に関するデータが、追加・修正された上で決算整理後試算表に整理され、その後2つの財務諸表の欄に分けられ記帳される。

(3) 精算表の作成と当期純利益の算定メカニズム

決算の学習前であるため、ここでは決算整理を行わずに作成する6欄精算表の作成方法に焦点を当て、その作成手続きと2つの財務諸表が作成され当期純利益が算定されるメカニズムについて説明する。

【6欄精算表の作成手続き】

①各勘定の残高を残高試算表欄に記入する。

②残高試算表欄の費用・収益の諸勘定のデータを損益計算書欄へ移記する。

③残高試算表欄の資産・負債・純資産の諸勘定のデータを貸借対照表欄へ移

記する。

④損益計算書欄、貸借対照表欄においてそれぞれ生じる貸借の差額が当期純利益である。

【各勘定残高の残高試算表欄への記入とその意味】

まず、①の手続きであるが、この手続きが行われると、残高試算表欄には総勘定元帳の各勘定の残高が貸借はそのままに移記された状態となる。

期末時点における総勘定元帳の資産勘定の残高は期末資産を、負債勘定の残高は期末負債をそれぞれ表す。純資産勘定の残高は、期末元入資本（資本の増減等がなければ期首資本）を示す。一方、費用勘定の残高は当期の発生額（当期費用額）を、収益勘定の残高は当期の発生額（当期収益額）を表している。

総勘定元帳の勘定口座には、勘定記入法に基づいて増減が記入されるので、上述を前提とすれば、試算表の借方側欄には、期末資産＋当期費用が、貸方側欄には、期末負債＋期末元入資本＋当期収益が、それぞれ記入されることになる。これを表すのが式⑧である。

【式⑧：残高試算表を表す等式】

期末資産　＋　当期費用　＝　期末負債　＋　期末元入資本　＋　当期収益

【費用・収益残高を損益計算書欄へ移記する意味と利益計算】

残高試算表欄のデータを損益計算書欄および貸借対照表欄に分けて記入するのが精算表の作成手続き②および③である。この手続き②・③と④の関係を表したのが図表4－8である。

②の手続きでは、フロー・ベースのデータである当期費用が損益計算書欄の借方に、当期収益が同欄の貸方に、それぞれ移記される。当期収益と当期費用は、必ずしも同額ではないため、基本的に貸借に差額が生じる。これがフロー・ベースのデータから算定された当期純利益（純損失）である。図表4－8では、この当期純利益が借方側に生じる様子が示されている。第２講で学習し

た式⑥（期間損益の算定式）と式⑦（損益計算書等式）によってもこの利益計算が確認できる。

【資産・負債・純資産勘定を貸借対照表欄へ移記する意味と利益計算】

手続き③では、期末資産が貸借対照表欄の借方に、期末負債と期首資本が同欄の貸方に、それぞれ移記される。これによって、借方と貸方には差額が生じる。第２講の式⑤（期末の貸借対照表等式）に示されるように、期末資産と期末負債の差額は期末純資産であるが、貸借対照表欄の貸方欄に移記されるのは期末元入資本（期末元入資本は、資本自体の増減がなければ期首純資産）である。したがって、その差額分はストック・ベースのデータから算出された当期純利益であり、図表4－8でもこの当期純利益が貸方に生じる様子が示されている。

図表4-8　残高試算表を表す等式⑧の分割と当期純利益の計算

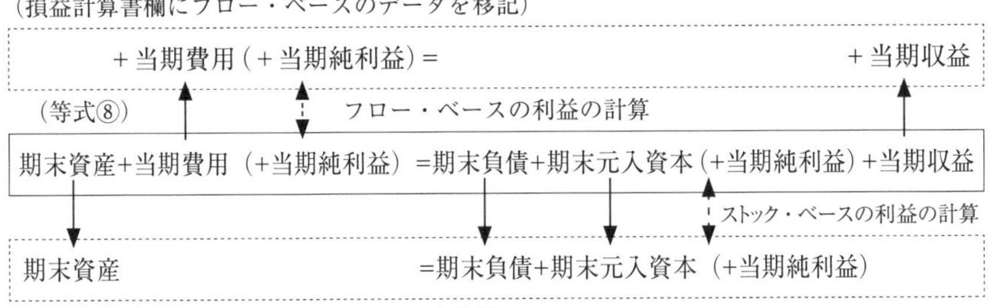

以上、精算表の作成プロセスでは、残高試算表欄に一旦集計された総勘定元帳のデータのうち、フロー・ベースのデータが損益計算書欄に移記され、フロー・ベースの当期純利益が算定され、ストック・ベースのデータが貸借対照表欄に移記されストック・ベースの当期純利益が算定される基本メカニズムが採られていた。

損益計算書欄と貸借対照表欄で当期純利益が貸借逆に生じる原因は損益取引

にある。損益取引は、収益・費用の発生（取消）と資産・負債の増減を貸借の複式で結びつける。そのため、②と③の手続きを通じて、各欄に貸借どちらか一方のデータのみが移記・集計されてしまうのである。

第5講
現金・預金取引

第1節　現金・預金取引

現金および預金（deposit）の勘定は、後に学習する売掛金や受取手形等と並んで当座資産を構成する。当座資産は、企業の資金調達活動により流入する資金や、販売活動等によって回収される資金であり、ビジネス活動において支払手段等、流動的に利用される性質を持っている。

現金と預金は、資金形態として最も安定しており、ビジネス活動上、様々な収支活動に利用することができる。それゆえ、企業は手許の現金有高や銀行の預金残高を正確に把握しそれらを管理する必要が生じる。この管理活動に役立ち得るように、現金・預金取引を「勘定」という単位を用いて記録・計算し、各種帳簿を用いて明細を明らかにすることが複式簿記では重要な課題となる。

第2節　現　金　勘　定

（1）現金勘定の利用と勘定記入

複式簿記において現金勘定で処理するものは、硬貨、紙幣、いつでも現金に換えられる通貨代用証券（他人振出小切手、送金小切手、郵便為替証書、株式配当金領収書、期限の到来した公社債の利札（りさつ）等）である。

現金は資産勘定のひとつであるため、調達資金、売上代金の受取り、貸付金の回収、預り金、仮受金等による現金流入（増加）を借方に、仕入代金、設備投資、各種経費、立替金、仮払金等の現金支払による流出（減少）を貸方に記入する。現金勘定の借方および貸方の差額は残高を表している。記録が正しければ、この帳簿上の残高が手許有高を表すことになる。

現金取引の仕訳と勘定記入については、既に第３講の取引1から取引７までの転記のプロセスで例示した通りであるが、前期から継続して営業している企業の場合には、通常、図表5－1のように、期首の有高（前期繰越）が記入された上で、期中取引が記録される。

図表5-1　現金勘定の記入

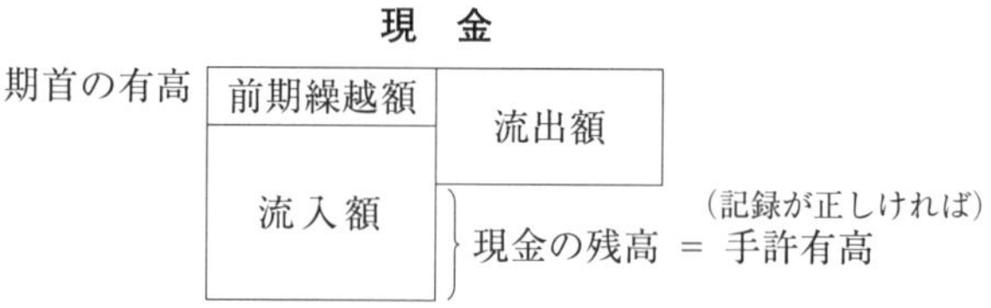

（2）金 銭 の 貸 借

企業は、取引先や従業員等に対して、借用証書によって金銭の貸借を行うことがある。その際、当事者の間には、貸付けまたは借入れの金額、期間、利息に関する事項（利率や利払日）等、金銭貸借契約に関する詳細な条件について合意がなされ債権債務の内容が決定される。

なお、企業が借用証書によって銀行からの借入れ資金を調達する場合にも同様の処理が行われる。その場合、銀行側では証書貸付金勘定が用いられる。また、借入期間は1年を基準として、短期・長期を区別して表示する。

図表5-2　借用証書による金銭貸借契約

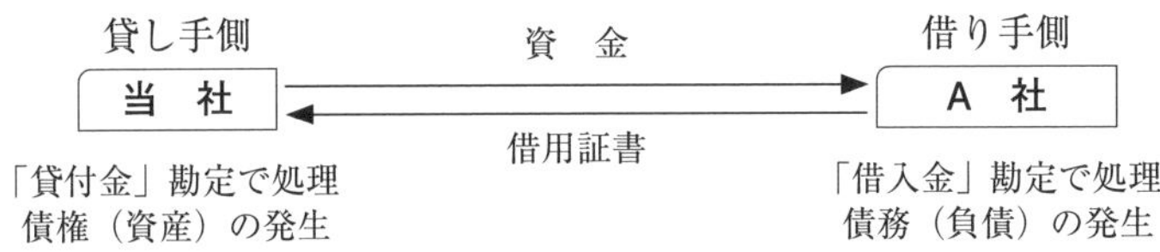

例：借用証書によって金銭の貸借契約を結ぶ場合

【借用証書により金銭を貸し付けた場合の処理：貸し手側】

（借方）	貸付金 （債権：資産の増加）	×××	（貸方）	現　金	×××

【借用証書により金銭を借り受けた場合の処理：借り手側】

（借方）	現　金	×××	（貸方）	借入金 （債務：負債の増加）	×××

例：貸付金（loans receivable）あるいは借入金（loans payable）が現金で返済（回収）された場合

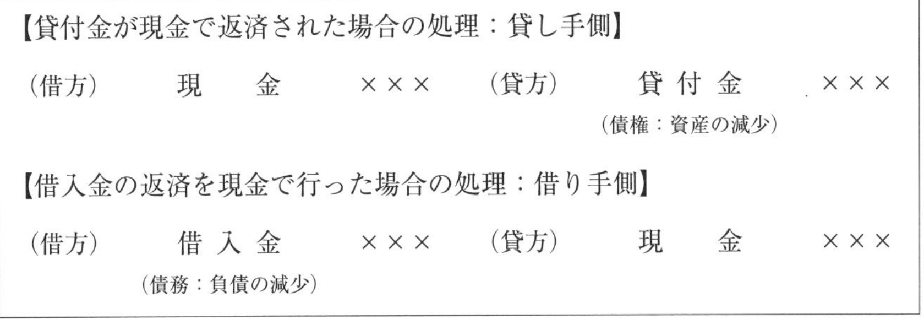

【貸付金が現金で返済された場合の処理：貸し手側】

（借方）	現　金	×××	（貸方）	貸付金 （債権：資産の減少）	×××

【借入金の返済を現金で行った場合の処理：借り手側】

（借方）	借入金 （債務：負債の減少）	×××	（貸方）	現　金	×××

貸付金あるいは借入金に対しては、契約時に借入期間、利率、利払い日その他条件に対する合意がなされているため、その合意された条件に基づいて利息が計算され支払われる。

利息を、貸付金あるいは借入金の返済とともに授受する場合は、次のように受取利息（interest income）勘定および支払利息（interest expense）勘定を用いて仕訳を行う。

【利息を貸付金あるいは借入金の返済とともに授受する場合の処理：貸し主側】

（借方）	現　金	×××	（貸方）	貸付金	×××
				受取利息	×××

【利息を貸付金あるいは借入金の返済とともに授受する場合の処理：借り主側】

（借方）	借入金	×××	（貸方）	現　金	×××
	支払利息	×××			

（3）立替金・預り金

従業員や取引先等の金銭支払いを企業が一時的に立て替えた場合、立て替えた企業側には、後日金銭を受け取る権利が債権として生じ、立て替えを受けた従業員や取引先は、後日、立替金を精算するために支出を行う義務が債務として生じる。そのため、企業側ではこれを立替金（advance paid）勘定、または従業員立替金勘定を用いて処理を行う。

また、従業員や取引先等から、一時的に金銭等を預かった場合には、預かった金銭を支払う義務が債務として企業に生じる。そのため、企業は預り金（deposit received）勘定または従業員預り金を用いて処理を行う。後日、預り金を返済した場合、あるいは預り金の原因となった義務を履行した場合には、これらの債務は解消する。

例：取引先の金銭支払いを一時的に立て替えた場合

【立替払いを行った場合の処理】

(借方)	立替金 (債権：資産の増加)	×××	(貸方)	現　　金	×××

例：立替払いした分について取引先から支払を受け現金を回収した場合

【立替払い分を現金で回収した場合の処理】

(借方)	現　　金	×××	(貸方)	立替金 (債権：資産の減少)	×××

例：取引先から一時的に金銭を預かった場合

【取引先から一時的に金銭を預かった場合の処理】

(借方)	現　　金	×××	(貸方)	預り金 (債務：負債の増加)	×××

例：預かった金銭を元の持ち主に返済した場合

【預かった金銭を返済した場合の処理】

(借方)	預り金 (債務：負債の減少)	×××	(貸方)	現　　金	×××

ところで企業は、従業員に対する給料支払の際、社会保険料の本人負担分と所得税額を差引いて現金を支給することがある。これは徴収の合理化の観点から、各当局が給与支払の源泉である事業者に徴収義務を課すものである。

企業は徴収した社会保険料や所得税を従業員に代わって納付する義務がある

ので、差引き時点で各預り金勘定により処理を行い、預かった分を納付する。この際に債務は解消される。この仕訳は、次のように行われる。なお、法定福利費（legal welfare expenses）は社会保険料の会社負担分である。

【従業員への給料支払い時に預かり分を差し引いた場合】

（借方）	給　　料	×××	（貸方）	所得税預り金	×××
				社会保険料預り金	×××
				現　　金	×××

【社会保険料と源泉徴収税額を納付した場合】

（借方）	所得税預り金	×××	（貸方）	現　　金	×××
	法定福利費	×××			
	社会保険料預り金	×××			

（4）仮払金・仮受金

出張等を行う時点において、内容と金額が未確定であるが、何らかの支出が予定されており現金を渡す必要が生じることがある。また、出張等に赴いている従業員等から企業の預金口座への入金等があったが、連絡の都合からその明細に関しては不明な状態が起こることも考えられる。この場合、現金の授受を行った時点ではその内容と金額が確定していないので、一時的に次の勘定によって処理を行わなければならない。具体的には、現金等を渡す側に生じた債権については仮払金（suspense payment）勘定によって処理を行い、現金等を受取る側に生じた債務については仮受金（suspense receipt）勘定によって処理を行い、後日、それらの内容が確定した際、適切な勘定への振替仕訳が行われる。

例：社員が出張するに際して、出張費の概算額を現金で渡した場合

【社員の出張に対し概算額を渡した場合の処理】

（借方）	仮払金 （債権：資産の増加）	×××	（貸方）	現　　金	×××

【出張中の社員からの内容不明の振込の処理】

（借方）	当座預金	×××	（貸方）	仮受金 （債務：負債の増加）	×××

例：後日、社員が出張から戻り、旅費の精算を行い残金について現金で受け取った場合、および先の振込の原因について売掛金の回収と判明した場合

【概算額を渡していた社員の旅費の精算の処理】

（借方）	旅費交通費	×××	（貸方）	仮払金 （債権:資産の減少）	×××
	現　　金	×××			

【出張中の社員による振込内容の判明】

（借方）	仮受金 （債務：負債の減少）	×××	（貸方）	売掛金	×××

（5）現金勘定の修正：現金過不足

現金取引の記帳が正しければ、実際の手許有高と、帳簿上の現金勘定の残高は一致する。しかし、紛失・盗難（現金の管理上の要因）あるいは記入漏れ・誤記入（記帳上の要因）等により、記録が一致しない場合もある。その場合は、一旦、仮勘定（用途のため期中において一時的に用いる勘定で、最終的には残高がゼロになるもの）である現金過不足勘定を用いて、帳簿上の現金勘定の残高記録を実際有高に合わせるよう修正し、原因が判明し次第、現金過不足勘定を減らすという処理が行われる。現金過不足の処理手順は次の通りである。

【現金過不足の処理手順】

①実際の手許有高と帳簿上の現金勘定の残高を比較し、不一致の金額を把握する。

②現金過不足勘定を用いて、帳簿上の現金勘定を手許有高に合わせ修正（増減）する。

③原因が判明次第、現金過不足勘定から該当する勘定に金額を振替える。

④原因不明分は雑損勘定・雑益勘定で処理し、現金過不足勘定の残高を振替える。

【現金過剰（実際有高＞帳簿残高）のケース】

現金過剰のケースについての処理例を示そう。この場合は、実際有高に合わせて、最初に帳簿上の現金勘定を増額修正する。同時に現金過不足勘定の貸方側を増加させて、一時的に原因究明中であることを示す。

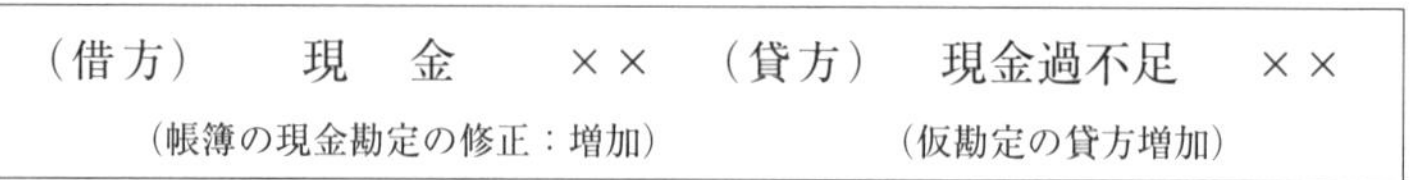

図表5-3　現金過不足の処理（現金過剰のケース）

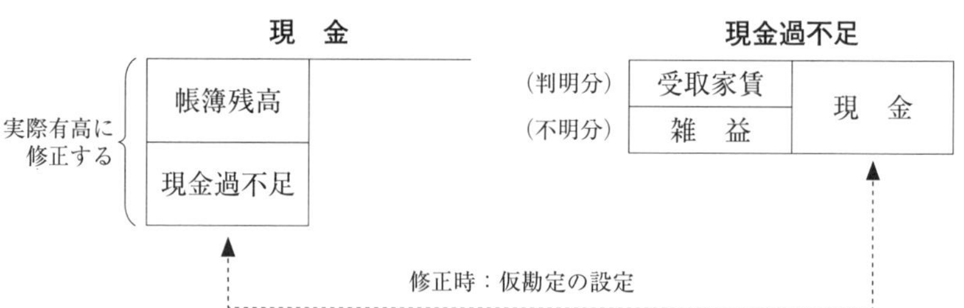

原因究明の結果、原因が判明した分（例）あるいは原因不明分については、それぞれ現金過不足勘定からの振替仕訳が行われる。

（借方）	現金過不足 （仮勘定：振替のための記入）	××	（貸方）	受取家賃 （判明分の処理：収益の増加）	××
（借方）	現金過不足 （仮勘定：振替のための記入）	××	（貸方）	雑　益 （不明分の処理）	××

【現金不足（実際有高＜帳簿残高）のケース】

この場合は実際有高に合わせ、最初に帳簿上の現金勘定を減額修正する。同時に、現金過不足勘定に借方計上し、原因究明中であることを示す。

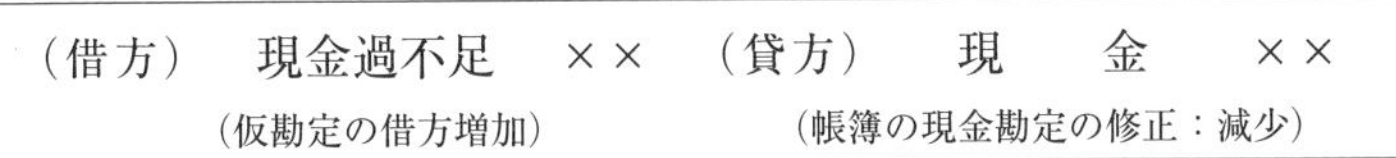

（借方）	現金過不足 （仮勘定の借方増加）	××	（貸方）	現　金 （帳簿の現金勘定の修正：減少）	××

図表5-4　現金過不足の処理（現金不足のケース）

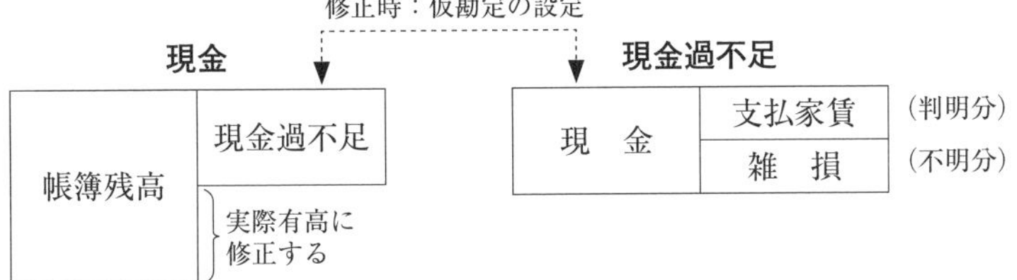

これも原因判明分（例）や不明分については、それぞれ現金過不足勘定からの振替仕訳が行われる。

（借方）	支払家賃 （判明分の処理：費用の増加）	××	（貸方）	現金過不足 （仮勘定：振替のための記入）	××
（借方）	雑　損 （不明分の処理）	××	（貸方）	現金過不足 （仮勘定：振替のための記入）	××

第3節　現 金 出 納 帳

（1）現金出納帳の利用

現金の収入と支出は、現金勘定を用いて仕訳帳に仕訳記入され元帳に転記されることですべてが網羅的に記帳される。しかし、現金取引はその性質上、日頃より高い頻度で行われ、そのなかには重要な取引が含まれることが多い。また、紛失や盗難等の危険も存在する。そこで、取引記録の明細を補助簿である現金出納帳（Cash Book）に記録し、これを厳重に管理するようになる。

しかしながら、補助簿を設ければその分だけ記帳や管理の手間が増加するという問題が生じる。このため、補助簿に仕訳帳の機能を持たせて特殊仕訳帳とし、仕訳帳を分割する方法が考え出されるようになる。この場合、もとの仕訳帳は普通仕訳帳と呼ばれ、帳簿組織は分割仕訳帳制度あるいは複合仕訳帳制度と呼ばれるようになる。また、これまでの帳簿組織は単一仕訳帳制度と呼ばれる（以下、特別の設定がなされていない限りこの制度における帳簿組織を説明の前提とする）。要するに、現金出納帳の役割と様式は、その企業がどのような帳簿組織を採っているのかによって異なるのである。

（2）現金出納帳の様式

現金出納帳には、通貨および通貨代用証券の収入および支出の明細（日付、取引内容、金額、残高）を記録する。その残高は現金勘定の残高と常に一致しなければならない。図表5－5には、記帳例が示されている。

図表5-5　現金出納帳の記帳例

現金出納帳

×年		摘　要	収　入	支　出	残　高
6	1	前月繰越	100		100
	5	C商店に仕入代金支払い		20	80
	7	A商店より売掛金を小切手で受取り	60		140
	10	M商店より売上代金を受け取り	50		190
	16	R商店から備品の購入		20	170
	24	H商店へ手数料支払い		20	150
	30	次月繰越		150	
			210	210	
7	1	前月繰越	150		150

第４節　預　　金

（1）普通預金の利用

企業は、出納・保管・盗難防止、等の様々な目的のため、手許に保有する現金を可能な限り少なくするように努めている。普通預金、定期預金、通知預金、当座預金等様々な預金を利用するのもそうした動きのひとつであり、個々の企業のニーズに合わせて、利用される。したがって複式簿記においても、各預金の取引が各種預金勘定を用いて描写されることになる。

例えば、賃貸物件を借りる際、普通預金を利用した場合は次のように処理される。

土地・建物等の賃貸物件を借りる場合に、敷金として保証金を預け入れた場合には債権の勘定である差入保証金（guarantee deposits）を用いて処理し、礼金を仲介業者に支払った場合には支払手数料勘定で処理する。この際に、契約日からの家賃を支払うこともある。

（借方）	差入保証金	×××	（貸方）	普 通 預 金	×××
	支払手数料	×××			
	支 払 家 賃	×××			

賃借契約の解消時には、自社負担分の修繕費（repair expenses）等を差引いて、残額が返金される（預金口座に振込まれる）場合が多い。

（借方）	修　繕　費	×××	（貸方）	差入保証金	×××
	普 通 預 金	×××			

（2）当座預金の利用

各種存在する預金のなかでも、当座預金（checking account）はユニークで重要性が高い。当座預金は、企業が銀行と当座取引契約を締結し開設する随時引き出し（withdraw）可能な無利息の預金口座である。この当座取引契約は、印鑑と当座勘定取引約定書を取引銀行に届出て、これと引き換えに当座入金帳と小切手帳を受取ることで締結される（図表5－6）。

図表5-6　当座取引契約の手続き

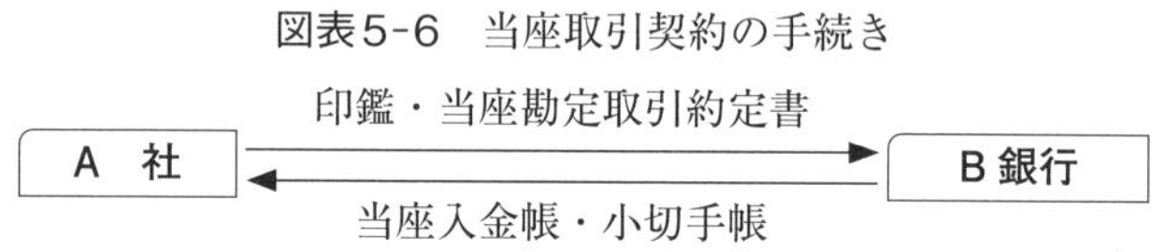

無利息であるにも関わらず当座預金を企業が利用する理由は、小切手（check）の利用が可能となるからである。例えば、日常の各種支払いに際しすぐに小切手を振出せるため、その都度預金を引き出す手間が省ける。また、小切手を受け取った相手も、それを換金や預け入れ（deposit）の他、別の取引における支払い手段として利用することが可能となる。

（3）当座預金勘定の記入

当座取引契約の締結後、当座預金口座を開設するには、一定の金額を預け入れなければならない。この場合、資産勘定のひとつである当座預金勘定の借方に預け入れた金額を記入する。反対に、取引の支払いに小切手を利用する場合は、小切手を振り出し（writing checks）当座預金口座の貸方にその金額を記入する。

同じ小切手でも、他人が振出した小切手を受領した場合は、小切手に記載の銀行に直接持参して換金するか、自社の取引銀行に小切手を取り立ててもらうことができる。そのため、複式簿記上は現金勘定を用いて処理する（他人振出の小切手）。基本的に自分の当座預金口座に関わるものではないからである。

図表5-7　当座預金勘定の記入

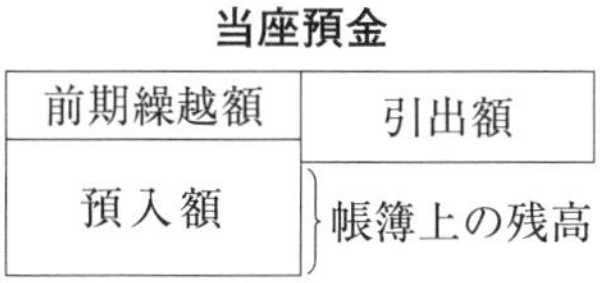

当座預金

借方	貸方
前期繰越額	引出額
預入額	帳簿上の残高

注意すべきは、振出した小切手が必ずしもすべて取立てられるとは限らないことである。当座預金の入出金は頻繁に行われるため、取引や記帳の時間的差異や誤記入に基づいて帳簿上の当座預金勘定と銀行に預けてある当座預金の残高（実際有高）との間に差異が生じることもある。そこで、期末時点等において当座預金勘定の残高と銀行が発行した残高証明書（Bank Statement）とを比べ、差異が存在する場合には銀行勘定調整表を作成しそれらを調整（reconciliation）する必要が生じる。

【当座預金勘定と銀行の残高証明書に差異が生じる原因】

❶企業では入金と処理したが時間外等のため銀行で未入金とされた。

②銀行では入金と処理したが通知の未達等のため企業で未入金とされた。

❸企業では出金と処理したが振出先が未換金等のため銀行で未出金とされた。

④銀行では出金と処理したが自動引落し未達等により企業で未出金とされた。

これら４つの原因と企業側の誤記入に基づく差異を企業と銀行間で調整する様式は、企業の帳簿残高に修正する様式、銀行の帳簿残高に修正する様式、適正な数値に調整する様式と３つ存在する。誤記入に関しては、入金と出金どちらも多寡の調整を行う状況が考えられるが、基本的には企業側に生じることに着目すると整理しやすい。

【適正な残高に修正（調整）する様式】

企業の帳簿残高 ＋（②＋誤記入）－（④＋誤記入）＝ 銀行の帳簿残高 ＋ ❶－❸

（②＋誤記入）：加算項目　（④＋誤記入）：減算項目　❶：加算　❸：減算

【企業の帳簿残高に修正（調整）する様式】

銀行の帳簿残高 ＋（❶＋④＋誤記入）－（②＋❸＋誤記入）＝ 企業の帳簿残高

（❶＋④＋誤記入）：加算項目　（②＋❸＋誤記入）：減算項目

【銀行の帳簿残高に修正（調整）する様式】

企業の帳簿残高 ＋（②＋❸＋誤記入）－（❶＋④＋誤記入）＝ 銀行の帳簿残高

（②＋❸＋誤記入）：加算項目　（❶＋④＋誤記入）：減算項目

第５節　当座借越契約

（1）当座借越契約

当座預金を振り出す場合、その振出しの限度額は、予め口座に預け入れておいた金額となる。しかしながら、企業のビジネス活動において資金の流出入は必ずしも一定であるわけではなく、当座預金残高に関しても、タイミングの違いによってしばしば多寡が生じることもある。

振出限度額を残高とする原則的な方法は、こうした多寡と支払の差異には必ずしも対応することを予定していないため、そのままでは取引自体に支障が生じる可能性がある。そこで、残高を超過しても設定しておいた限度額までは支払いに応じるよう、企業は銀行と予め契約を締結しておくことができる。これを当座借越契約という。この契約では、残高を超過して支払った分は銀行からの借入れとして扱われる。

（2）当座借越の会計処理

当座借越の会計処理は、次のように行われる。

当座借越契約を締結している場合、小切手の振出しが当座預金残高を超過しても、期中は限度額に達しない限り、通常処理で記帳を続ける。

その場合、貸方に残高があることになるが、期末時点に貸方残高が、ある場合は、次期にその債務を繰り越すため、当座借越または借入金に振替える処理を行う必要がある。

例えば、期末時点において当座預金勘定の貸方に50の残高がある場合、次のいずれかの処理が行われる。

【当座借越に振り替える場合】

（借方）	当座預金	50	（貸方）	当座借越	50

【借入金に振り替える場合】

（借方）	当座預金	50	（貸方）	借 入 金	50

第６節　当座預金出納帳

（1）当座預金出納帳の意義

企業の日常のビジネス活動においては、当座預金勘定の預け入れ・引出しについても頻度が高く、特に小切手の振出し等特別な事情もあるため、管理を厳密に行う必要がある。

振出しは預金残高または借越限度額が限度であるから、これを超過して振出が行われた場合には、銀行が支払いを拒絶することで不渡りという状態になる。不渡りは取引の基礎となっている信用の毀損を招くため、ビジネス活動の継続にも影響する重大な要因となる。

そこで、不渡りを防ぐために、明細を記録する当座預金出納帳を補助簿として利用する方法が採られることになる。当座預金口座を複数の銀行に開設している場合には、取引銀行別に当座預金出納帳を作成しなければならないので注意が必要である。

（2）当座預金出納帳の様式

当座預金出納帳には、当座預金の預け入れ・引出しの明細（日付、取引内容、金額、貸借、残高）を記録する。当座勘定によって、当座預金と当座借越をまとめて記録する場合、残高の貸借に注意する必要がある。

図表5-8　当座預金出納帳の例

当座預金出納帳

×年		摘　要	預　入	引　出	借／貸	残　高
6	1	前月繰越	300		借	300
	5	N商店へ仕入代金支払い#001		180	〃	120
	7	S商店の売上代金受取り	50		〃	170
	10	K商店へ買掛金支払い		200	貸	30
	16	T商店の売掛金受取り	210		借	180
	30	次月繰越		180		
			560	560		
7	1	前月繰越	180		借	180

第7節　小　口　現　金

（1）小口現金勘定の必要性

商品の仕入代金の支払い、販売代金の受入れ、各経費の支払い等、企業は、金銭の受払いの多くを当座預金口座で行い、手許に保有する現金をできるだけ少額に抑えている。

しかし、日常のなかで生じるような、少額の支払いにまで小切手を利用することは、かえって手間がかかり煩わしい。そこで、少額の支払いのために、小口現金資金（petty cash fund）を用意し用度係（supply section）に管理させる方法が用いられる。

小口現金の増減を記録する勘定を小口現金勘定、明細を記録する補助簿を小口現金出納帳（petty cash book）という。

（2）定額資金前渡制度（インプレスト・システム）

会計課等は、月や週のはじめに、管理を担当する用度係に対して一定額の小口現金を小切手によって前渡しする。用度係は、受領した小切手を現金に換えたうえで日常の各種支払いに充てて、月末や週末になると、会計課等に対して小口現金伝票（petty cash voucher）等で支払報告を行う。会計課は、この報告を受けて、前渡額が一定となるように再び補給を行う。これを定額前渡制度（インプレスト・システム）という。

例えば、定額資金前渡制度により、1ヶ月分の小口現金として、用度係に小切手100を振出し前渡しする場合には、次の仕訳が行われる。

（借方）	小口現金	100	（貸方）	当座預金	100

用度係から支出報告（交通費30、通信費30、消耗品費15、雑費10）を受けた後、小切手を振出して補給した場合には、用途の報告についての仕訳と補給の

仕訳が同時に行われる。

【原則的な仕訳】

（借方）	交 通 費	30	（貸方）	小口現金	85
	通 信 費	30			
	消耗品費	15			
	雑　　費	10			
（借方）	小口現金	85	（貸方）	当座預金	85

ただ、結局のところ小口現金が定額に戻されるという意味では同じなので、小口現金勘定の増減記録を省いて次のように１つの仕訳で済ませることもある。

【小口現金の増減を省略した仕訳】

（借方）	交 通 費	30	（貸方）	当座預金	85
	通 信 費	30			
	消耗品費	15			
	雑　　費	10			

第6講
商品売買取引

第1節　商品売買取引

商品を仕入れそれを他者に転売することで利益を獲得する商品売買活動は広範に普及し、経済社会において重要な役割を担っている。

複式簿記においても、商品売買取引に関する様々な記録・記帳方法があり、対象となる取引は同一であるにもかかわらずそれぞれ異なる勘定科目を使って一連の会計処理が行われる。この理論的背景を理解するのが、本講のひとつの焦点である。

商品売買取引には、取得、保有、販売という３つの基本的な動きがある。取得は投下運用活動において、販売は販売活動・資金回収において行われ，取得から販売までの間、商品は企業により保有される。時間的流れの中で、これら3つの動きが、商品売買に関わる契約（contract）とその履行義務（performance obligation)、対価の支払い（payment of consideration）とどのように関わるのかを捉え、理解することが肝要である。

ところで、商品市場では需給状況に基づいて常に取引価格が変動する。また、仕入れた商品すべてを会計期間内に販売できない場合、売れ残り（在庫）となり翌期に繰越して販売することもある。この意味で商品は棚卸資産(inventory）と呼ばれる（棚卸資産にはそれ以外のものもある)。これらは、上述の３つの動きにおける取引数値に関わる重要な要素であり、これらを管理することも複式簿記の重要なタスクとなる。仕入れ時には仕入帳、販売時には売上帳、そして保有状況の把握には商品有高帳という管理ツールが用意されているのは、この要請に応じるためである。

本講では、仕入や販売における取引価格、商品売買によって獲得される利益、在庫の管理等を含めて、商品に関わる取引を正確に捉え、帳簿や財務諸表上の会計数値に記録し表現する基本的な処理を学習する。

第２節　取得と販売の会計処理

（１）取得と販売の基本的な会計処理

企業は、投下運用活動の段階において調達した資金を用いて販売目的で商品の仕入れ（purchase）を行う。この際の取引金額を購入代価といい、取得原価の基礎となる。このほか、企業は出資者から商品の現物出資を受けることもある。

いずれにせよ、購入代価だけでなく仕入時に負担した引取運賃や保険料等の取引費用（これを仕入諸掛りと呼ぶ）も販売（sales）を通じて回収しなければ、ビジネス活動の存続が困難となる。そのため、仕入諸掛りにかかる費用は取得原価に含めて回収対象とされる。

販売時の取引価格を売価という。売価には、２つの側面がある。ひとつは、投下資金を回収する面である。もうひとつは、回収余剰たる利益を獲得する面である。販売にかかるコスト負担も考慮しなければならない。

商品売買の記帳法には様々なものがあり仕入と販売の記帳に関して、全く異なる処理が行われる。

【分記法の処理】

分記法は、商品購入時に商品勘定（資産の勘定）を用いて仕入原価（購入時点の価格）を記録し、販売時には売価（販売時の価格）と仕入原価との差額をその都度計算して、商品販売による利益を商品売買益勘定（収益の勘定）を用いて示す記帳方法である。この方法では、商品が少量の場合、管理が容易となるメリットがあるが、一方で商品の種類や取引数量が多量になる場合は処理に手間がかかるというデメリットも生じる。

【三分法の処理】

これに対し、分割法のひとつである三分法は、仕入時は仕入勘定（費用の勘定）を用いて仕入原価で記録し、販売時は売上勘定（収益の勘定）を用いて売価で記録を行う。つまり、売買時に損益計算をせず期末時点まで先送りすることで、日常の記帳活動を簡便に行うのである。

ただし、期末には、繰越商品勘定（期末に売れ残った商品の仕入原価）を用いて、売上に対応する売上原価を計算する必要がある。

【売上原価対立法：その都度売上原価に振替える方法】

分記法と同様に、商品の受払いを商品勘定に取得原価で記録しながらも、販売については、①三分法と同様に、販売商品の売価を売上勘定に記録し、同時に、②販売商品の原価を商品勘定から売上原価勘定に振替えることで、商品売買による収益と費用を対立的に用いて損益を表現する方法である。

【売買処理に関する各方法の違い】

それでは、各方法の売買処理の違いを考えてみよう。

月初商品（前期繰越高）が200（10個、単価20）の企業が、商品500（20個、単価25）を現金で仕入れた場合、次のように仕訳される。

【分記法・売上原価対立法の場合】

（借方）	商　品	500	（貸方）	現　金	500

【三分法の場合】

（借方）	仕　入	500	（貸方）	現　金	500

仕入活動の仕訳に関しては、貸方側で同じ現金流出の処理がなされるが、借方側は異なった処理がなされている。これは、分記法では商品を商品勘定（資産の勘定）で処理し、交換取引として扱うが、三分法では、仕入勘定（費用の勘定）で処理し、取引自体を損益取引として扱うためである。

その後、商品600（20個、単価30）で現金販売した場合には、それぞれ次のように仕訳が行われる。なお、販売した商品は当期に仕入れた分である。

【分記法の場合】

（借方）	現　金	600	（貸方）	商　品	500
				商品売買益	100

【三分法の場合】

（借方）	現　金	600	（貸方）	売　上	600

【売上原価対立法の場合】

（借方）	現　金	600	（貸方）	売　上	600
	売上原価	500		商　品	500

分記法では、交換取引で手に入れた商品（原価）が払い出され、売価600との差額が利益として計算され商品売買益100が示されているが、三分法では売上が売価600で損益取引として計上されるだけで利益はこの段階では計算されていない。売上原価対立法では利益は計算されないが、売上に対応する売上原価を計上するため、期末に売上原価を計算する必要がない。

ところで事業者は、様々な目的で商品券を発行することがある。これは商品券の発行時点において先に現金等の代金を顧客から受取っておいて、後日、商品の引き渡しを商品券との引き換えによって行う仕組みである。商品券を発行した事業者には、後日顧客に商品を引き渡す義務（契約負債）が生じる。この処理に用いられるのが、商品券勘定（債務の勘定）である。なお、一定期間経過後未使用のものは雑収入として処理される場合が有る。

【商品券を発行した場合の処理】

（借方）	現　　金	×××	（貸方）	商 品 券 （契約負債の増加）	×××

【商品券と引き換えに商品を販売した場合の処理】

（借方）	商 品 券 （契約負債の減少）	×××	（貸方）	売　　上	×××

業務提携関係にある他の事業者や自社が参加する地域振興事業あるいは自治体等によって発行された商品券を、販売の際に代金として受取り、相当する商品の引き渡しを行なった場合には、自己が発行した商品券と区別するため、受取商品券勘定（債権：資産の勘定）を用いて処理し、後日その商品券を発行した事業者に対して、その分の請求を行う。会計処理は次のようになる。

【受取商品券と引き換えに商品を販売した場合の処理】

（借方）	受取商品券 （債権：資産の増加）	×××	（貸方）	売　　上	×××

【受取商品券が決済された場合の処理】

（借方）	現　　金	×××	（貸方）	受取商品券 （債権：資産の減少）	×××

（2）引取運賃と発送費

商品の仕入れおよび販売において生じる運送費等の処理については、仕入れの場合と販売の場合とでは違いがある。

仕入れの際に自社が負担した引取運賃、保険料等の費用は仕入諸掛りといい、仕入れのために必要不可欠なものであることから、次式のように仕入原価に加えることになる。分記法の場合にも加えることができる。

【式⑨：仕入原価の算定】

仕入原価　＝　仕入諸掛　＋　購入代価

例えば、取引先から商品500を掛で仕入れた際、引取運賃として30を負担し現金で支払った場合には、次のような仕訳をすることで、仕入に引取費用30を含めた処理が行われる。

（借方）	仕　入	530	（貸方）	買掛金	500
				現　金	30

これに対し、販売の際に生じた荷造費および運賃等の費用に関しては、自社が負担する分と相手が負担する分とでは異なった処理が行われるので注意が必要である。

荷造費および運賃等の費用について、自社が負担する契約である場合には、発送費勘定等の費用の勘定を用いて処理する。それは、この費用負担が販売を行うために必要なコストであるとする考え方に基づいている。例えば、得意先に商品600を掛販売した際、自社で運賃を負担した場合は次の仕訳を行う。

（借方）	売掛金	600	（貸方）	売　上	600
	発送費	50		現　金	50

販売の際に生じた荷造費および運賃等について、先方の負担分を自社が支払った場合には、一旦、売掛金または立替金に含めて処理しておき、先方に請求して後日現金を回収するという処理が行われる。

注意すべきは、この支払額は、売掛金に含めても、売上には含めないことである。これは、この支払が一時的な立替えであって、自社のコスト負担ではないからである。

例えば、商品600を掛で販売した際、取引相手が負担する運送料50を現金で支払った場合には、売掛金に50を含め、後日請求して回収する必要がある。

（借方）	売 掛 金	650	（貸方）	売　　上	600
				現　　金	50

（3）変　動　対　価

商品の購入および販売に際しては、後日返品や値引き、割戻や割引等の変動対価を考慮する必要がある。返品（returns）は、一旦仕入れた商品について品違い等があった場合に行われるもので、仕入れや販売の戻し（取消し）にあたる。

値引き（allowance）は品質不良等の理由によって購入代価を引き下げるものである。仕入れ側では仕入値引、売上側では売上値引という。

割戻（rebate）は、一度に大量の売買を行うことによって支払の免除等、購入代価の減額を受けるものである。仕入れ側では仕入割戻、売上側では売上割戻という。

割引（discounts）は代金の早期支払によって購入代価の減額を受ける点で割戻に類似しているが、少し性質が異なっている。これは、代金を早期に回収できる売り手側の立場を考えれば理解できるだろう。すなわち、売り手には、その回収資金を運用することで利息分のメリットが生じるが、それをそのまま買い手に支払ったと見るのである。

（4）契約に基づく販売者の権利と義務

販売取引（販売活動や対価の受け取り）を、複式簿記や会計によって会計数値で表す場合、記録の仕方次第では、そこに映し出される姿も、結果として示される損益も、大きく異なる。

販売取引には、実務上、業種や事業形態により多様な商慣行があるが、時代ニーズや手法の開発等によっても大きく変容するため、これを捉えるための会計思考は、変化に応じて順次アップグレードされてきている。

近年、収益認識をめぐる会計基準が国際的影響等によって大きく変更された。これは、販売契約をめぐって生じる当事者間の権利と履行義務に焦点を当て、それが時間とともにどう解消されていくのかを表現するものである。

具体的には、最初に、①契約に基づく権利と履行義務を各々識別し、②取引価格（および変動対価）を算定し、さらに③それらが複数ある場合はそれぞれに取引価格を配分してから、④履行義務が充足され、権利が確定するのに応じ、収益を認識する。

このような契約に基づく販売者の権利と義務を描写するために複式簿記で用いる概念が、契約資産（contract asset）と契約負債（contract liability）である。ただし、返金負債や前受金等のように内容を表す具体的な勘定を用いる場合もある。

【契約資産の会計処理】

ひとつの契約において、商品引渡しが複数回に分けて実施され、引渡しが全て履行された時にはじめて対価受領に係る売上債権が確定するものと取り決められている場合、契約当初から引渡しの完了までの間、契約資産勘定を用いて販売者の権利を表現する。

例　当社はW社との間に商品A 500と商品B 600の販売契約を結び、商品Aを引渡し、後日商品Bを引渡すこととした。

なお、代金請求は全ての商品引渡が完了時としている。

（借方）			（貸方）		
	契約資産	500		売　上	500
（商品Aの引渡し履行により販売者に生じた権利）					

例　本日、残りの商品Bを引渡し、代金は掛とした。

（借方）			（貸方）		
	売 掛 金	1,100		売　上	600
				契約資産	500
	（確定した売上債権）			（引渡完了による履行義務の充足・権利の解消）	

【契約負債の会計処理】

商品売買契約によって販売者に生じる履行義務と対価に対する権利は、表裏一体の関係である。したがって、対価の一部を受領した場合には履行義務が生じることになる。こうした履行義務を表すのが契約負債である。ただし、この一部対価の受領に基づく履行義務には、現段階で未確定なものも含まれており、勘定名もケースによって異なる場合があるので、注意が必要である。

例えば、後日、商品売買を行うことを約束した場合の手付金には前受金勘定（後述）が用いられる。また、後日に条件達成した時に行われる割戻し（リベート）を前提として、日々行われている商品売買取引では、販売代金の一部（リベートが予定されている分）を返金負債勘定で処理する。

（5）仕入帳と売上帳

商品売買活動に関する詳細を記入するための補助簿として、仕入帳と売上帳がある。仕入帳には取引の日付、仕入先、代金決済の方法、品名、数量、単価、金額を記入する。

仕入諸掛の処理に関しては、仕入原価に含めなければならないので、摘要欄に内容を記入し、内訳に金額を記入し、合計金額に加える。

また，仕入戻しや仕入値引きに関しては、総仕入高から差引く意味を示すため赤字で記入する。総仕入高からこの仕入戻しや値引きを差引いた純仕入高は、決算の際に求める。純仕入高を求めた後は仕入帳を締切る。

仕入帳の総仕入高は、総勘定元帳の仕入勘定の借方合計と一致し、純仕入高は，仕入勘定の借方の残高に一致する。

図表6－1は仕訳帳の記入例である。ここでは、本来赤字で記入する値引きの記帳箇所についてはイタリック体で示している。

図表6-1　仕訳帳の記入例

仕　入　帳

○○年		摘要		内訳	金額
5	2	ソメヤ商店	掛け		
		A商品　100個　@100		10,000	10,000
	15	オガワ商店	掛け		
		A商品　50個　@100		5,000	
		B商品　150個　@120		18,000	23,000
		オガワ商店	*値引き*		
		B商品150個　@10			*1,500*
	31		総仕入高		33,000
	〃		*仕入戻し・値引高*		*1,500*
			純仕入高		31,500

売上帳に関しても、仕入帳と同様に記入すれば良い。売上帳の記入例は図表6－2の通りである。この例では返品と値引きが示されていないが、返品と値引きについても同様に記入する。

図表6-2　売上帳の記入例

売　上　帳

○○年		摘　　　要	内訳	金額
5	10	ハヤシ商店　　　　　　　　掛		
		A商品　80個　　@150	12,000	12,000
	20	ヤマベ商店　　　　　　　　掛		
		B商品　100個　　@180	18,000	18,000
	31	総売上高		30,000

第3節　保有中の会計処理

（1）保有中の処理を考える視点

取得の処理が商品売買の第1のポイント、販売の処理が第2のポイントとするならば、購入後から販売に至るまでの保有期間の処理は商品売買の第3のポイントということができる。この期間、企業は商品を在庫として一旦倉庫その他に保管し、必要に応じて払い出しを行う。

商品市場は日々変化するため、仕入原価も変動する。企業は、そうした状況下においてビジネス活動における財務活動をコントロールするため、商品の仕入原価を管理しなければならない。これを帳簿上管理するためのツールが商品有高帳である。

もうひとつ考慮すべきなのが、実際の数量と価格の管理である。

まずは数量の管理である。企業は、保有している商品を倉庫その他において保管するが、紛失・盗難・その他の理由により商品の数量が不足する場合がある。こうした不足は、期末時点において棚卸しを行った際把握されることから棚卸減耗損といい、棚卸減耗損勘定を用いて処理がなされる。

次に価格の管理である。商品の取得から販売までのサイクルと会計期間は必ずしも一致するわけではないため、期末時点において保有中の商品が存在することになる。この在庫商品については、期末時点の帳簿価額が正しい価値を表しているかを確認し、期末の時点で正味売却価額が原価よりも下回っている場合には、正味売却価額まで帳簿金額を減少させる必要がある。この際の減少額は商品評価損といい、商品評価損勘定を用いて処理がなされる。

商品減耗損と商品評価損の会計処理については、売上原価の計算において説明する。

（2）商品有高帳とは？

商品売買取引の補助簿として重要な役割を持っているのが商品有高帳である。商品有高帳は、商品売買に伴う受入れや払出しの明細につき原価によって記録し、その時点の残高を原価で把握する補助簿である。このような記録が必要となるのは、商品市場での商品の取引価格が日々変動することで同一種類の商品であっても仕入の時点が異なれば、仕入原価が異なるためである。

販売のために企業が用意する商品は、最終的には販売されるものと売れ残るものの2種類に大別される。商品有高帳は、これらを主に原価によって把握することを目的として、商品の受入、払出、残高を原価によって記録し管理する補助簿である。そのため、商品有高帳は商品の種類ごとに口座を設けて記入をしなければならない。

（3）商品有高帳の記入法

商品有高帳の記入法は、基本的に次の手順で行う。

【商品有高帳の記入法】

①前月からの商品の繰越分を記入する（繰越の日付、摘要、受入欄、残高欄）。

②仕入（受入れ）データを記入する（仕入の日付、摘要、受入欄、残高欄）。

③販売（払出し）データを記入する（販売の日付、摘要、払出欄、残高欄）。

④仕入諸掛り、値引、戻しの記入を行う。

- ・仕入諸掛り　仕入原価に加える（単価は仕入数量で割り算出する）。
- ・仕入戻し　　払出欄に記入する。売上戻りは受入欄に記入する。
- ・仕入値引　　払出欄に値引額、残高欄に修正単価と金額を記入。
- ・売上値引　　売価の修正なので記入しない。

実際に商品有高帳に記入するに際して問題となるのが、払出し単価の決定である。商品売買取引は会計期間において繰り返し行われるのが通常である。その際、商品市場の価格は常に変動しているため、同じ商品を仕入れた場合でも仕入原価は異なる場合が多い。つまり、どの時点に仕入れた商品を販売において払出したと考えるのかを企業自身が決定しなければ、商品有高帳の記帳が行えないのである。

この方法には先入先出法、後入先出法、移動平均法、総平均法等々がある。それぞれ、商品の流出入のパターンに関する一定の仮定であるから、実際の商品の動きと必ずしも一致するわけではない。ただし、トータルで仕入れに要した金額についてはどの方法によっても同じになるので、期中の費用額の配分パターン（投下額の回収パターンでもある）のどれが自己の経営に適しているかを選択する裁量が企業側に与えられているともいえるだろう。

【先入先出法（FIFO、First-in First-out）】

先入先出法は、古く取得した商品から順次払出すものととらえ記帳する方法である。この方法を採用すると、最近になって仕入れた商品が残ることになり、残高に時価が反映されやすくなる。図表6－3にはこのイメージが示されている。

図表6-3　先入先出法による商品売買取引の描写

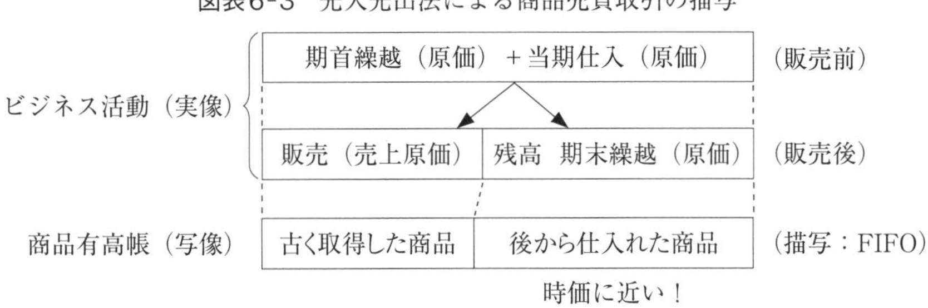

【移動平均法】

移動平均法は、その時点までの仕入総額を用いて平均単価を算定し、払出額と残高を把握する方法である。仕入れが複数回ある場合には、その都度在庫と合わせて加重平均単価を算出する。これをイメージしたのが図表6－4である。

図表6-4　移動平均法による商品売買取引の描写

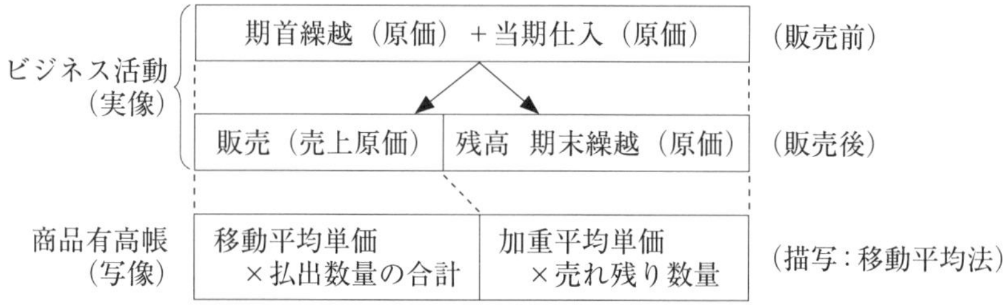

<table>
<tr><td rowspan="2">ビジネス活動
（実像）</td><td colspan="2">期首繰越（原価）＋当期仕入（原価）</td><td>（販売前）</td></tr>
<tr><td>販売（売上原価）</td><td>残高　期末繰越（原価）</td><td>（販売後）</td></tr>
<tr><td>商品有高帳
（写像）</td><td>移動平均単価
×払出数量の合計</td><td>加重平均単価
×売れ残り数量</td><td>（描写：移動平均法）</td></tr>
</table>

【設例による先入先出法と移動平均法の比較】

ここで、次の設例に基づいて、先入先出法の場合と移動平均法の場合とで商品有高帳の記帳がどのように違うのかを考えよう。

【設　例】

次の当社の行った商品売買取引の記録に基づいて、先入先出法および移動平均法による商品有高帳の記帳を行いなさい。

5月 1日	前月繰越	100個	単価150	15,000
5日	仕　入	100個	単価200	20,000
10日	売　上	120個	単価250	30,000
15日	仕　入	120個	単価250	30,000
25日	売　上	100個	単価280	28,000

この設例における取引を、商品有高帳に先入先出法で記帳する場合には、次の図表6－5のように行われる。

図表6-5　設例の先入先出法による記帳

商品有高帳

A商品

○年		摘要	受入			払出			残高		
			数量	単価	金額	数量	単価	金額	数量	単価	金額
5	1	前月繰越	100	150	15,000				100	150	15,000
	5	仕入	100	200	20,000				100	150	15,000
									100	200	20,000
	10	売上				100	150	15,000			
						20	200	4,000	80	200	16,000
	15	仕入	120	250	30,000				80	200	16,000
									120	250	30,000
	25	売上				80	200	16,000			
						20	250	5,000	100	250	25,000
	30	次月繰越				100	250	25,000			
			320		65,000	320		65,000			
6	1	前月繰越	100	250	25,000				100	250	25,000

最初に、前月繰越の15,000（100個、単価150）を受入欄に記入し、そのまま右の残高欄にも記入する。

次に、5日の仕入取引20,000（100個、単価200）を受入欄に記入する。この取引により、当社には繰越分（すなわち在庫）と当期仕入分の商品が併存するが、これらの仕入単価は異なっているため一箇所には記入することが出来ない。そこで、残高欄には中括弧を付けて併記（古い在庫は上の行）することになる。

10日の販売取引は、先に仕入れた商品から販売するので、在庫15,000（100個、単価150）を全て払い出した上で、不足する20個分を5日に仕入れた分から払い出す。払出欄に記入する際、これらがひとつの取引で行われたことをしめすため中括弧で括る。この際、商品有高帳は原価で記帳を行う補助簿であるため売価のデータを使わないことに注意しなければならない。以上の記入の結果、残高は5日の仕入分16,000（80個、単価200）だけになる。

15日と25日も同じ要領で記帳を行った後、25日の最終取引の残高が期末残高になる。これを払出欄に赤色で移記すれば、受入数と払出数それぞれの数量と合計金額がバランスするので、これを確認してから締め切れば良い。

図表6-6　設例の移動平均法による記帳

商品有高帳

A商品

○年		摘要	受入			払出			残高		
			数量	単価	金額	数量	単価	金額	数量	単価	金額
5	1	前月繰越	100	150	15,000				100	150	15,000
	5	仕入	100	200	20,000				200	175	35,000
	10	売上				120	175	21,000	80	175	14,000
	15	仕入	120	250	30,000				200	220	44,000
	20	売上				100	220	22,000	100	220	22,000
	30	次月繰越				100	220	22,000			
			320		65,000	320		65,000			
6	1	前月繰越	100	220	22,000				100	220	22,000

移動平均法による記帳は図表6－6に示されている通りである。前期繰越分の記入と5日の仕入を受入欄に記入するまでは先入先出法と同様であるが、残高欄の記入に際しては、受入数量100および金額20,000を繰越した残高の数量100および金額15,000と合算して、それぞれ数量欄には200金額欄には35,000と記入し、この金額を数量で割って、この時点の仕入れ単価175を算定する。

10日に払い出した際の単価は、この175で行うので特別な処理は行わないで良い。15日にはまた仕入れが行われるが、この際には、上記5日の処理と同様、数量と金額が合算され、平均単価が算定され直す。このように平均単価が仕入れの度に移動することから移動平均法と呼ばれることになる。期末の残高欄から払出欄への移記、受入欄と払出欄のバランスの確認、締切り等は先入先出法と同様である。

以上に基づいて、先入先出法と移動平均法を比較すると、それぞれの特徴が分かる。まず受入欄に着目すると、どちらの方法でも販売のために用意した商品の合計数量は320個、合計金額は65,000であることが確認できる。

これに対し、販売した際のデータには違いが存在する。払出欄に着目すると、在庫以外の払出数量はどちらも220であるが、払出金額（原価）の合計は先入先出法が40,000であるのに対して、移動平均法は43,000（原価）であることが分かる。この差額は、3,000であるが、これらが売上原価を表していることを考えると、利益計算に関わる違いが生じていることになる。

販売金額は、設例の売価のデータによれば、58,000（10日の30,000と25日の28,000の合計）なので、これからそれぞれの売上原価を差引けば利益が算定される。先入先出法の場合には利益は18,000であり、移動平均法の場合は15,000となる。

では、当月に売れ残り在庫として次月に繰越される分はどうであろうか。これは、それぞれの繰越金額に着目すれば直ぐに明らかになる。すなわち、先入先出法 は100個25,000であり、移動平均法 は100個22,000である。この差額3,000が、売上原価の差額と同額であることに着目する必要がある。要するに、仕入に要した原価はいずれかの期間に費用として計上されるのである。どの方法を使っても一定の期間を見ればトータルのコストは同じことが分かるだろう。

第4節　売上原価の計算

三分法では、仕入時には原価、売上時には売価を用いて記帳を行うため、商品売買取引で生じた利益を知るには、期末に別途、売上原価（cost of goods sold：COGS）を計算して売上高と比較する必要があった。この計算を理解するため、図表6－7を用いて帳簿上のデータの基本関係を整理してみよう。

図表6-7　販売のために用意した商品と売上原価と繰越商品原価の関係

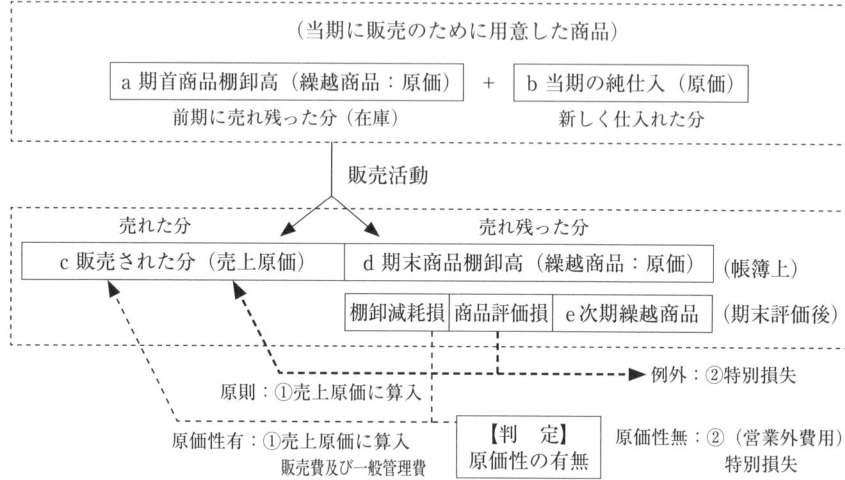

まず、企業が当期に販売のために用意した商品の合計は、当期に仕入れた分（図表6－7のb）と、前期からの繰越商品（図中のa）である。これらは原価で示されているため、その当期に販売のために用意した商品も原価の総額を示している。

これが当期の販売活動の結果、売れた分と売れ残った分の２つに分かれることになる。帳簿上では、売れ残った分については期末商品棚卸高（図中のd）として示され、売れた分については売上原価（図中のc）として示されることになる。

問題となるのは、この売上原価は期中の勘定記録の上では直接表示されておらず、期首繰越商品（図表6－7のa）、当期の純仕入高（b）および期末繰越商品（d）の３つの数値を用いて別途計算を行わなければ把握できないことである。そこで、これを帳簿にて算定する工夫が行われることになる。それが期末に行われる売上原価の計算と呼ばれる振替仕訳である（図表6－8）。

図表6-8　売上原価の計算（仕訳勘定で行う場合）

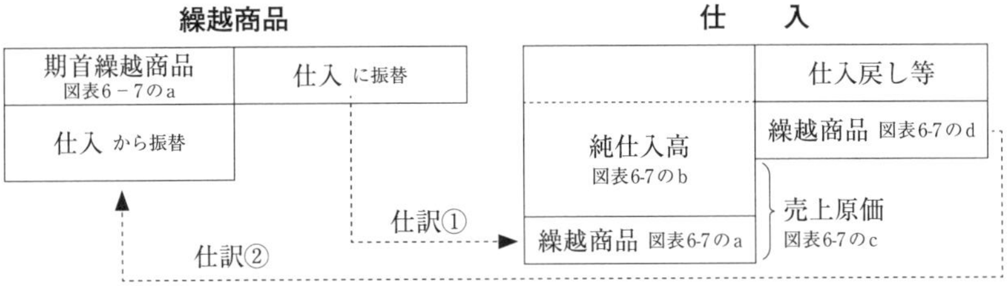

【売上原価の計算のための期末振替仕訳】

①期首商品棚卸高の仕入勘定への振替

（借方）	仕　　入	××	（貸方）	繰越商品	××

②期末商品棚卸高を、仕入勘定から繰越商品勘定へ振替

（借方）	繰越商品	××	（貸方）	仕　　入	××

ここでは基本的に２つの仕訳が行われる。ひとつは、前期からの繰越商品原価を仕入勘定に振替える①の仕訳である（図表６－８の仕訳①と同じ）。これは、図表６－７のａの金額を、（振替仕訳による勘定の集計により）図表６－７のｂに加えることを意味する。これによって、仕入勘定には当期に販売のために用意された商品の原価が示されることになる。

次に、②の仕訳によって、当期に売れ残った期末繰越商品の原価を仕入勘定から繰越商品勘定に振替える（図表６－８の仕訳②と同じ）。すなわち、これは、図表６－７のａ＋ｂの金額からｄを差引くための振替仕訳である。この結果、売上原価の金額が仕入勘定に残されることになるのである。

【棚卸減耗損と商品評価損の算定と表示】

ところで、以上では帳簿記録のみから期末商品棚卸高が把握されていたが、実際には期末時において実地棚卸が行われる。この時、商品数量が不足する場合には棚卸減耗損を計上する。また、商品価格が低下している場合には商品評価損を計上しなければならない。この仕訳は次のように行われる。

(借方)	棚卸減耗損	××	(貸方)	繰越商品	××
	商品評価損	××			

図表6－9には、帳簿上の期末商品棚卸高、棚卸減耗損と商品評価損の関係が示されている。図表から期末の商品数量は帳簿上はq_1であり商品価格はp_1であることがわかる。それがそれぞれ実際はq_2、p_2に減少してしまっている。したがって、帳簿上の期末商品棚卸高は（$p_1 \times q_1$）、棚卸減耗損は（$p_1 \times (q_1 - q_2)$）、商品評価損は（$(p_1 - p_2) \times q_2$）そして次期繰越商品は（$p_2 \times q_2$）と把握される。

これらのコストは、図表6－7において売上原価との関係性が示されている。

棚卸減耗損にかかるコストについては、原価性の有無を判定し、原価性がある場合には、営業費用である売上原価または販売費および一般管理費に計上し、原価性がない場合には、営業外費用または特別損失に計上する。

商品評価損については、原則として売上原価に内訳科目として表示し、臨時の事象に起因しかつ多額の場合には特別損失に計上される。

図表6-9　棚卸減耗損と商品評価損

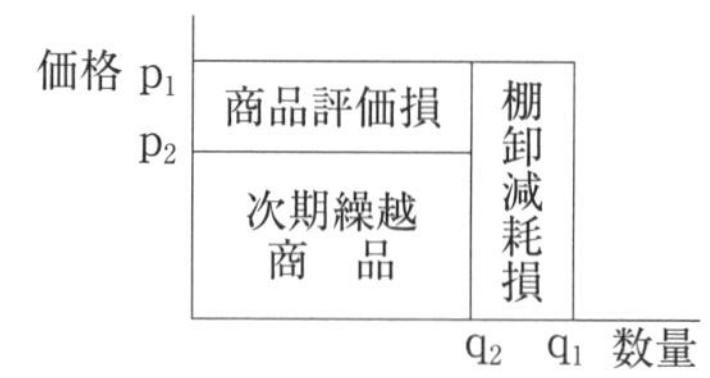

なお、実際に商品評価損を求める際は価格p_1に正味売却価額を用いる。商品の売買市場価格には、購入市場の価格と販売市場の価格の２つがあるが、正味売却価額は、販売市場の価格（時価）から販売諸費用を差し引き求める。

第７講
販売対価と決済

第1節　本 講 の 焦 点

企業が、本業である営業活動を一通り行う期間を営業サイクルという。この営業サイクルの企業の活動の中心は、様々な方法を通じて行われる商品や役務の販売取引であり、具体的には、販売者から購入者に対して行われる商品や役務の提供と、反対に、購入者から販売者に対して行われる支払いと対価の授受の動き、である。

本講では、かかる営業サイクルにおいて生じる、商品や役務の販売対価に関わる、会計上の権利（契約資産）・会計上の義務（契約負債）、法的な権利たる債権（credit, claim）・法的な義務たる債務(debt,obligation)、そして、これらに対する様々な決済手段に焦点を当てて、それらの基本処理について学習する。

第2節　対価受払のタイミング

（1）売掛金・買掛金の管理

企業は、営業活動を通じて、多くの顧客との間で商品売買取引を行う。そのため、信用取引を利用することにより生じる売掛金・買掛金に関しても、顧客ごとに、総額と残高その他につき管理を行う必要が生じることとなる。

この場合、問題となるのは、仕訳帳や総勘定元帳といった主要簿において、単に、売掛金・買掛金という勘定のみを用いて、日々のこれら動きに関する記帳を行うだけでは、複数の顧客に対する売上債権と買入債務とが混在してしまうことになり、それぞれの顧客ごとの明細について、記帳活動を通じて明確に切り分け管理するのが難しくなってしまうことである。

そこで、歴史的には、「A商店」や「B商店」のごとく取引相手の社名等の人名勘定を仕訳帳や総勘定元帳に記録して、それぞれの顧客に対する明細を勘定ごとに集計・把握する方法が、次第に利用されるようになっていく。

しかしながら、この方法には、２つの点で本質的問題が存在していた。

ひとつは、人名勘定という勘定の性質上、そこに売上債権としての売掛金、と買入債務としての買掛金の双方が記録されるため、各々の残高が独立には計算されず、当該人名勘定に結果として示される残高数値に関しても、単に、両者の差額としての正味額が表示されたに過ぎなかったことである。

もうひとつは、個々の顧客に対する売掛金・買掛金の明細が各人名勘定に記録される一方で、そこまでの時点において生じた企業全体の売掛金総額や買掛金総額の動きが、直接的には把握し難かったことである。

そこで現在では、総勘定元帳の売掛金勘定・買掛金勘定を「統制勘定」と位置付け、補助簿たる売掛金元帳・買掛金元帳それぞれの人名勘定を個々の明細を記入する勘定と位置付けて、売掛金・買掛金に関する取引については双方に記入して、個々の顧客に対する売上債権・買入債務の明細につき記録しながら、全体の売掛金総額・買掛金総額についても記帳する帳簿組織が、多くの企業において採用されている。

統制勘定と補助簿の記入には、①取引の都度どちらにも記入する方法と、②補助簿のデータがある程度蓄積した段階ごとに、まとめて統制勘定に移記する方法、の２つがあるが、いずれの場合であっても、掛代金の管理を行う際には、得意先・仕入先ごとの掛代金の明細を一覧にした、売掛金明細表・買掛金明細表を利用する。

（2）未収入金・未払金

商品以外の物品を売買する取引において代金を後日決済する約束を行う場合がある。この場合は、売り手には債権が生じるため未収入金（accounts receivable）勘定を用いて処理し、買い手には債務が生じるため未払金（accounts payable）勘定を用いて処理を行う。

図表7-1　商品以外の物品の売買に伴い生じる債権債務

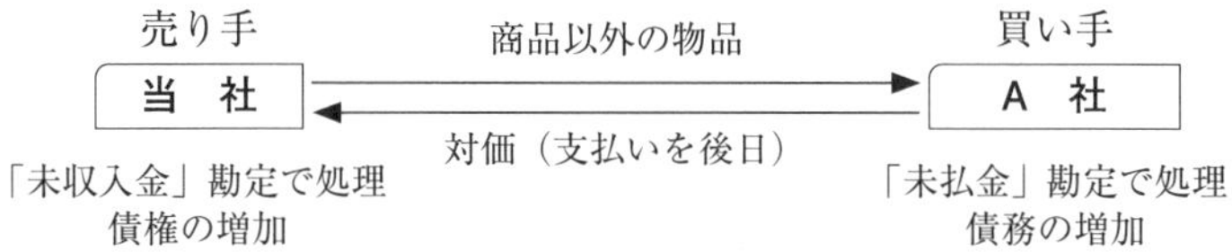

例：商品以外の物品に関する売買取引を行い、支払を後日とした場合

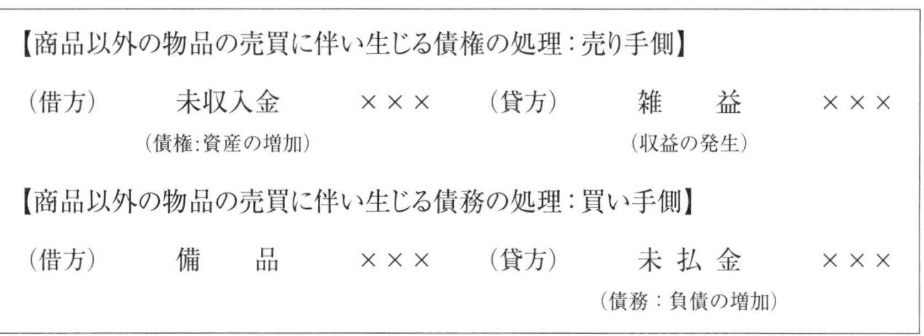

【商品以外の物品の売買に伴い生じる債権の処理：売り手側】

（借方）	未収入金 （債権：資産の増加）	×××	（貸方）	雑　益 （収益の発生）	×××

【商品以外の物品の売買に伴い生じる債務の処理：買い手側】

（借方）	備　品	×××	（貸方）	未払金 （債務：負債の増加）	×××

例：後日、代金の支払が行われ、それぞれの債権債務が解消した場合

【商品以外の物品の売買に伴い生じる債権の解消：売り手】

(借方)	現　　金	×××	(貸方)	未収入金 (債権：資産の減少)	×××

【商品以外の物品の売買に伴い生じる債務の解消：買い手】

(借方)	未 払 金 (債務：負債の減少)	×××	(貸方)	現　　金	×××

(3) 前払金・前受金

図表7-2　前受金と前払金

「前受金」勘定で処理
債務：後日商品を引き渡す義務

「前払金」勘定で処理
債権：後日商品を受け取る権利

商品売買を行う際、商品の受け渡しに先立って注文時に当事者間で手付金を授受する場合がある。この場合、支払人側に生じる債権は前払金（advance payments-other）勘定で処理し、受取人側に生じる義務は前受金（advances received）勘定で処理を行う。

例：商品が注文され、内金の授受が現金で行われた場合

【商品売買に対する内金を受け取った場合の処理：販売者則】

（借方）	現　　金	×××	（貸方）	前受金 （契約負債の増加）	×××

【商品売買に対する内金を支払った場合の処理：購入者側】

（借方）	前払金 （債権：資産の増加）	×××	（貸方）	現　　金	×××

例：後日、商品の引き渡しが履行され残額が決済された場合
（この時点で内金に対する債権債務は解消される）

【後日商品を引き渡した場合の処理：販売者側】

（借方）	前受金	×××	（貸方）	売　　上	×××
	現　　金	×××			

【後日商品の引き渡しを受けた場合の処理：購入者側】

（借方）	仕　　入	×××	（貸方）	前払金	×××
				現　　金	×××

第3節　様々な決済手段

（1）多様化する決済手段

今日の経済社会では、ビジネス・モデルや取引の決済手段に関して、IT技術等の発達によりキャッシュレス化が進み、内容も一層多様化している。

具体的には、交通系カードをはじめとする各種のプリペイド型電子マネーによる決済、デビット・カードをはじめとするEFTPOS（Electronic Funds Transfer at Point of Sales）を利用した取引決済、クレジット・カードを直接利用した決済、クレジット・カードに紐付けするポストペイ型電子マネーを利用

した決済、さらには、電子記録債権法に基づいた電子債権記録機関（社団法人全国銀行協会の完全子会社）である「全銀電子債権ネットワーク」を利用した債権・債務の電子記録化等、実に様々な決済手段が、選択肢として企業に提供されている。

企業の立場から見れば、こうした決済手法を取捨・選択する過程を通じ、従来の業務で取引先との間に構築してきた関係について、改めて見直す機会ともなっている。

これに伴って、従来利用されてきた手形・小切手といった決済手段からの移行も、現在急速に進行しつつあり、複式簿記においても、これらの多様な決済手段に柔軟に対応するため、十分な整理と理解が必要となる。

とはいえこれらの決済手段は、日々進化を遂げ可変的な性質を持っていることから、ここでは、ごく本質的な部分に着目し、整理を行うことで基本的会計処理を示す。

（2）クレジットによる決済

クレジット・カードを利用して物品等を売買する場合、当事者の間に信販会社が介入することで金銭の授受に伴う手間が合理的に軽減される。クレジットによる取引の利用者は、この利便性を享受する目的で信販会社に手数料を支払うのである（図表7－3）。

図表7-3　クレジットを利用した商品売買

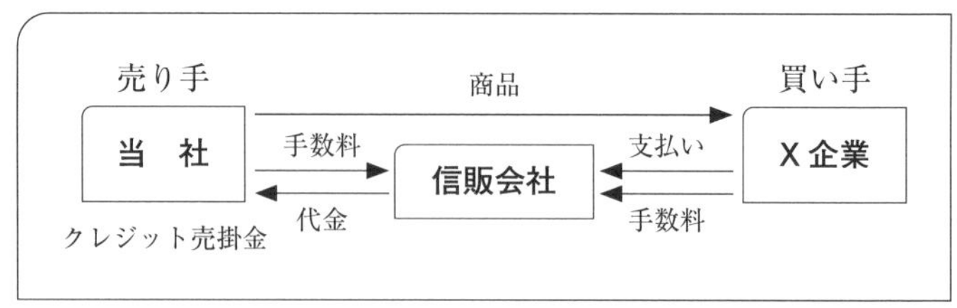

クレジット払いで商品80,000を販売した場合、信販会社への手数料（この場合は2%とする）を差引いた残額が受け取る代金となる。

【クレジット払いで販売した場合の処理】

（借方）	クレジット売掛金	78,400	（貸方）	売　　上	80,000
	支払手数料	1,600			

（上段；債権：資産の増加、下段：信販会社に対する手数料：費用の発生）

後日、信販会社からクレジット販売に係る代金が手数料を差引かれた上で当座預金に入金された際は次の仕訳を行う。

【信販会社から代金が当座預金に入金された際の処理】

（借方）	当座預金	78,400	（貸方）	クレジット売掛金	78,400
	（安全資産による回収）			（債権：資産の減少）	

（3）EFTPOS（デビットカード等）による決済

EFTPOS（デビットカード等）は、基本的に、銀行口座に紐づけて利用する電子マネーである。すなわち、支払いを通じて、紐づけられた口座から利用金額が引き落とされる仕組みとなっている。そのため、口座残高が利用に際しての上限額となり、使い過ぎを防ぐ役割がある。

なお、電子マネーの分類としては、下記に示す２つの方法（プリペイド型電子マネー、ポストペイ型電子マネー）と対比して同時払い型電子マネーと呼ばれることもある。

【商品の仕入にデビットカードを利用した場合（三分法）】

（借方）	仕　　入	××	（貸方）	普通預金	××

（4）電子マネーによる決済

プリペイド型電子マネーは、それが交通系ICカードであれアプリであれ、本質的には、そこに一定金額をチャージし、後日、それを必要に応じて利用するという取引が行われる。したがって、会計処理は、基本的に次のように行われる（この他チャージした時点で一旦全額費用計上し、未使用分につき決算時にのみ仮払金等の勘定に振替える方法もある）。

【交通系ICカードに一定金額をチャージした場合】

（借方）	仮 払 金	××	（貸方）	現　　金	××
	預け金、電子マネー等の勘定でも良い				

【営業のため電車で移動し交通系ICカードを利用した場合】

（借方）	旅費交通費	××	（貸方）	仮 払 金	××

ポストペイ型電子マネーは、本質的に、クレジット・カードに紐付けられているため、利用に際しては、クレジットカードを利用する場合と同様の処理が必要となる。交通系ICカード等にも設けられているオートチャージ機能等も、この分類に該当する。

【流通系ICカードを利用中、残高不足でオートチャージされた場合】

（借方）	消 耗 品	××	（貸方）	クレジット未払金	××

【後日、上記代金が、普通預金口座から引き落とされた場合】

（借方）	クレジット未払金	××	（貸方）	普通預金	××

第４節　手形の利用と決済

（1）手形取引の焦点

企業は、商品売買をはじめ様々な取引で対価を支払う際、現金や小切手等の代わりに約束手形や為替手形を振出すことがある。手形（note）は、手形法に基づいて、手形債務者が手形代金の支払いを手形債権者である受取人に約束する有価証券である。

手形取引では慣例的に、関与する各主体のことを、振出人、名宛人、受取人等の名称で呼ぶが、複式簿記では債権債務の視点から受取手形（notes receivable）と支払手形（notes payable）という２つの勘定を用いて処理を行う。

受取手形勘定は、手形債権、すなわち手形代金を受取る権利が生じたときに用いる勘定である。これは、基本的に受取った手形が約束手形であっても為替手形であっても他者が振出した手形であれば用いることが出来る。

支払手形勘定は、約束手形の振出し、あるいは為替手形の引受により、手形代金を支払う義務（手形債務）が生じた場合に用いる。

（2）約　束　手　形

約束手形は、債務者（この場合は振出人）が、受取人（名宛人）に対し、一定の期日に一定の手形代金を支払うことを約束する有価証券である。

図表7-4　商品売買に伴う約束手形の振出しと受取り

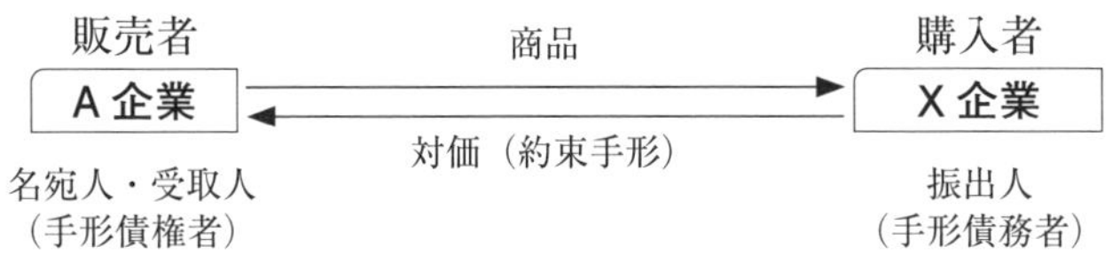

図表７－４のケースでは、次のように仕訳される。

【販売者側の会計処理】

（借方）	受取手形	××	（貸方）	売　　上	××

【購入者側の会計処理】

（借方）	仕　　入	××	（貸方）	支払手形	××

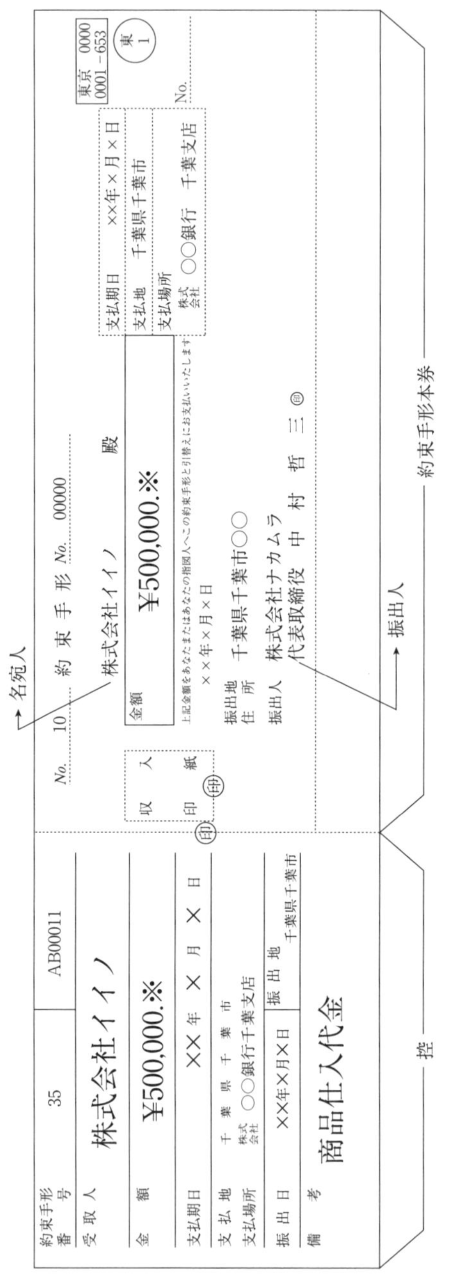

表記金額を下記被裏書人またはその指図人へお支払いください
××年×月×日
拒絶証書不要
住所 東京都千代田区南町1-1-1
株式会社飯野商店
代表取締役 飯野孝一 ㊞
(目的) 買掛金支払いのため
被裏書人 株式会社 信州商事 殿

表記金額を下記被裏書人またはその指図人へお支払いください
××年 ×月 ××日
拒絶証書不要
住所 東京都
株式会社信州商事
代表取締役 長野三郎 ㊞
(目的) 取立委任のため
被裏書人 株式会社 新日本銀行××支店 殿

表記金額を下記被裏書人またはその指図人へお支払いください
年 月 日
拒絶証書不要
住所
(目的)
被裏書人 殿

表記金額を下記被裏書人またはその指図人へお支払いください
年 月 日
拒絶証書不要
住所
(目的)
被裏書人 殿

表記金額を受け取りました
年 月 日
住所
交換 ××. 9. × 新日本銀行 ××支店

図表7-5 約束手形の形式

～～～為　替　手　形～～～～～～～～～～～～～～～～～～～～～～～～～～～～

為替とは、現金を用いずに信用手段で決済を行うことをいい、今日では送金や、国際間の決済等、広く利用されている。為替手形もそのひとつである。為替手形は、手形の振出人から手形代金の支払依頼をされた名宛人（債務者）が、一定の期日に一定の金額を、受取人（手形債権者）に対して、支払うことを約束する有価証券である。

図表7-6　為替手形の利用

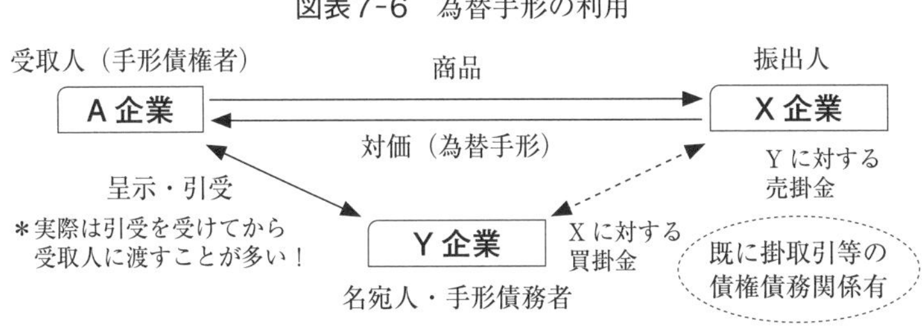

【受取人の仕訳：A企業】

（借方）	受取手形 （手形債権の増加）	××	（貸方）	売　　上	××

【名宛人の仕訳：Y企業】

（借方）	買 掛 金 （X企業に対する債務の減少）	××	（貸方）	支払手形 （手形債務の増加）	××

【振出人の仕訳：X企業】

（借方）	仕　　入	××	（貸方）	売 掛 金 （Y企業に対する債権の減少）	××

～～～～～～～～～～～～～～～～～～～～～～～～～～～～～～～～～～～～

（3）手形の裏書きと売却

手形の所持人は、手形期日前に支払いや債務の弁済のため、取引相手に自己の所持する手形を譲渡することができる。この際、手形の裏面に、記名押印等、必要事項を記入した上で引渡すことからこれを裏書譲渡（endorsement）と呼んでいる（図表7－5を参照）。

図表7-7　手形の裏書き

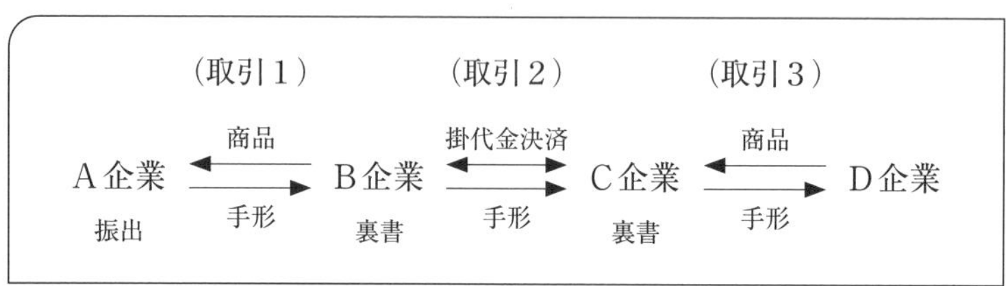

図表7－7にあるように、取引1で商品売買の対価としてB企業に渡されたA企業の手形が、取引2によってC企業に譲渡され、取引3によってD企業に譲渡される。このように手形は、一旦振出されると本来取引関係のない企業にまで流通することもあり、手形代金の受取りは手形債権者（所持人）自らが銀行に呈示して行う（実際には取引銀行を通じて取り立てる）必要がある。

また、手形の所持人は、資金の融通を受けるため手形期日前に手形を銀行に売却することがある。このような手形の換金を手形の割引（discounting）という。この際、銀行は手形の購入日から決済時までの利息相当額を差引くため、手形の売却者側には売却損というコスト負担が生じることになる。

ところで、他者の債務保証をする場合、返済状況次第では、その者に代わって返済を行う義務が生じる。こうした偶発債務がある場合には、備忘記録のため、次のような仕訳を行う。

【債務の保証時】

（借方）	保証債務見返	×××	（貸方）	保 証 債 務	×××

【債務保証の解消時】

（借方）	保 証 債 務	×××	（貸方）	保証債務見返	×××

そこで、手形の裏書や売却の際にも、手形債権に対する償還請求に基づいて遡及義務が生じるので、これを債務保証と捉え下記の仕訳を加える。

（借方）	債務保証費用	×××	（貸方）	保 証 債 務	×××

（4）手形の会計処理

【受取手形勘定を用いた会計処理】

ここでは、受取手形勘定を用いる会計処理から見よう。まず、T商店へ商品100,000を売り渡し、代金は同店振出し当店宛の約束手形で受取った場合であるが、これは売上に伴って生じる売上債権としての手形債権である。

（借方）	受取手形 （手形債権の発生）	100,000	（貸方）	売　　上	100,000

次に、M商店に対する売掛金120,000につき、同店振出し当店宛の約束手形を受取った場合の仕訳である。これは与信管理のひとつとして行われる債権の交換取引である。同じ信用ベースの債権であっても、口頭による約束に支えられた売掛金よりも有価証券のほうが債権内容をより明確化しており好ましい。また、受取手形は支払手段に利用することもでき利便性も高い。

(借方)	受取手形 (手形債権の増加)	120,000	(貸方)	売 掛 金 (掛取引による債権の減少)	120,000

先に、T商店から受入れた約束手形100,000につき、当座預金に無事入金された旨の通知があった場合は、売上債権の回収であるから次の仕訳を行う。

(借方)	当座預金 (貨幣性資産の増加)	100,000	(貸方)	受取手形 (手形債権の減少)	100,000

R商店から商品100,000を仕入れ、代金のうち60,000は、手許の約束手形(A商店振出し、当店宛て)を裏書譲渡し、残額は掛とした場合は次のように仕訳される。

(借方)	仕　　入	100,000	(貸方)	受取手形	60,000
				買 掛 金	40,000

それでは、T商店へ商品100,000を売り渡し、代金は相手保有の同額の約束手形(W商店振出し、T商店宛)を裏書きの上受取った場合はどうであろうか。

(借方)	受取手形 (手形債権の増加)	100,000	(貸方)	売　　上	100,000

もうひとつ重要な裏書譲渡の問題がある。それは上記のT商店へ商品100,000の販売の際、代金を当店が以前振出した同額の約束手形(当店振出し、W商店宛)を裏書きの上受取った場合である。この場合、自社が振出した時点では支払手形勘定で処理しているが、それが期日前に当店に戻ってきたことで支払の義務は消滅する。

【約束手形の場合】

（借方）	支払手形 （手形債務の減少）	100,000	（貸方）	売　　上	100,000

以前の取引で取得した約束手形を銀行で割り引き、割引料3,000を差引かれ、残額を当座預金に預け入れた場合は次のように処理される。

（借方）	当 座 預 金	97,000	（貸方）	受取手形 （手形債権の減少）	100,000
	手形売却損	3,000			

【支払手形勘定を用いた会計処理】

それでは、支払手形勘定を用いる会計処理を見よう。まず、R商店から商品120,000を仕入れ、代金は、同店振出の約束手形を振出して支払った場合は次のように仕訳される。

（借方）	仕　　入	120,000	（貸方）	支払手形 （手形債務の増加）	120,000

仕入先の与信管理に応じ手形を振り出すこともある。例えば、H商店への買掛金80,000を支払うため同額の約束手形を振出した場合は次のようになる。

（借方）	買 掛 金 （掛取引による債務の減少）	80,000	（貸方）	支払手形 （手形債権の増加）	80,000

手形代金は、期日までに手形所持人が自己の取引銀行を通じて呈示することで支払われる。この際手形交換が利用される。かねて振出した約束手形120,000が期日となり、当座預金から支払われた旨の連絡を銀行より受けた場合は次の仕訳を行う。

(借方)	支払手形 (手形債務の減少)	120,000	(貸方)	当座預金	120,000

(5) 営業外手形

車両や備品等といった有形固定資産の売買取引等において、代金の支払いに手形を用いた場合、営業外受取手形勘定や営業外支払手形勘定を用い処理する。

【営業外受取手形を利用した取引①：事業用土地の売却】

①土地の帳簿価額＞土地の売価

(借)	営業外受取手形	××	(貸)	土　　地	××
	固定資産売却損	××			

②土地の帳簿価額 ＜土地の売価

(借)	営業外受取手形	××	(貸)	土　　地	××
				固定資産売却益	××

【営業外支払手形を利用した取引②：備品の購入】

(借)	備　　品	××	(貸)	営業外支払手形	××

(6) 受取手形記入帳と支払手形記入帳

手形債権および手形債務は、商品売買をはじめとする様々な取引に手形を利用するのに伴って発生し消滅する。企業はこの手形債権および手形債務を適切に管理するため、明細を記録しなければならない。そのために利用される帳簿が受取手形記入帳および支払手形記入帳という補助簿である。

受取手形記入帳には，手形債権が発生した場合に、その明細を記入する。明細の内容は、日付、摘要、金額、手形種類、手形番号、支払人、振出人、裏書人の名称、振出日、満期日、支払場所である。手形債権が消滅した場合には、てん末欄に、日付と原因を記入する。

図表7-8　受取手形記入帳

受取手形記入帳

○年		手形種類	手形番号	摘　要	支払人	振出人または裏書人	振出日		満期日		支払場所	手形金額	てん末		
							月	日	月	日			月	日	摘　要
3	5	約手	27	売掛金	長野商店	長野商店	3	5	4	13	南北銀行	280,000	3	7	裏書譲渡
	8	約手	47	売　上	G商店	小布施商店	3	6	4	10	北東銀行	450,000	3	11	割　引

支払手形記入帳には，手形債務が発生した場合に、その明細を記入する。明細の内容は、日付、摘要、金額、手形種類、手形番号、受取人、振出人、振出日、満期日、支払場所である。手形債務が消滅した場合には、てん末欄に、日付と原因を記入する。

図表7-9　支払手形記入帳

支払手形記入帳

○年		手形種類	手形番号	摘　要	受取人	振出人	振出日		満期日		支払場所	手形金額	てん末		
							月	日	月	日			月	日	摘　要
8	23	約手	8	仕　入	K商店	当　店	8	23	10	15	東西銀行	150,000	10	15	支　払
9	30	約手	20	買掛金	G商店	当　店	9	30	11	10	南西銀行	200,000			

（7）金融手形の会計処理

商品売買の決済に用いられる商業手形とは異なり、金銭を貸借するため等、金融目的で手形が振り出されることがある。これを金融手形という。金融手形は、自らが振出した手形について、相手（相手が銀行の場合は割引となる）へ渡し、金融を受けようとするものである。したがって、商取引等の裏付けがないことに注意が必要である。

金融手形の場合、受取手形勘定や支払手形勘定を用いずに、手形貸付金勘定（債権）と手形借入金勘定（債務）を用いて処理を行う。

例：K商店はW商店に500,000を貸付ける際、同額の約束手形を受け取り、利息3,000を差引いた残額について小切手を振り出して渡した。

【K商店の仕訳】

（借方）	手形貸付金	500,000	（貸方）	当座預金	497,000
				受取利息	3,000

【W商店の仕訳】

（借方）	現金	497,000	（貸方）	手形借入金	500,000
	支払利息	3,000			

第５節　電子債権記録機関の利用と決済

（１）電子記録債権・債務

資金決済の手段に手形を利用する代わりに債権・債務を電子化し、電子記録によって決済を行う場合がある。この制度の利用には、２つの前提がある。ひとつは電子債権債務を請求に応じて通知することのできる電子債権記録機関が存在することである。もうひとつは、取引を行う者がそれぞれ取引銀行に利用申込みを行い登録することである。これらを前提として、債権債務発生時に債務者が記録請求を行い記録が債権者に通知される。簿記上は、この請求と通知の時点で当事者に債権債務を記録する。電子記録債権債務は代金が支払われた時点で解消される。

債権債務を電子化するメリットは幾つか考えられる。まず、手形等の有価証券の場合に存在する紛失や盗難の恐れがない。また、買掛金等の口頭による約束と違い、第三者に対して債権・債務関係が明確になる。

また、債権・債務の譲渡等についても、手形の裏書き、銀行への売却の場合と同様に行うことができるため、利便性が高い。

例　掛代金の支払に電子債権債務を利用した場合の処理。

【債務者の処理】

発生記録請求時	（借方）	買掛金	××	（貸方）	電子記録債務	××
電子記録債務の決済時	（借方）	電子記録債務	××	（貸方）	当座預金	××

【債権者の処理】

記録通知時	（借方）	電子記録債権	××	（貸方）	売掛金	××
電子記録債権の決済時	（借方）	当座預金	××	（貸方）	電子記録債権	××

（2）営業外電子記録債権・債務

電子債権記録機関を通じて取引で生じた債権や債務を電子化するケースは、営業外活動でも利用されることがある。この場合は、営業外電子記録債権勘定・営業外電子記録債務勘定により処理する。

例　未払金・未収入金の代わりに電子記録債権・債務を利用した場合の処理

【債務者の処理】

発生記録請求時	（借）	未払金	××	（貸）	営業外電子記録債務	××
電子記録債務の決済時	（借）	営業外電子記録債務	××	（貸）	当座預金	××

【債権者の処理】

記録通知時	（借）	営業外電子記録債権	××	（貸）	未収入金	××
電子記録債権の決済時	（借）	当座預金	××	（貸）	営業外電子記録債権	××

第8講
不確実性のある費用・損失

第1節　本講の焦点

企業のビジネス活動には、様々なコストが、間接的にあるいは直接的に費用計上されている。

後述の有形固定資産の減価償却費等の場合には、取得時に多額の支出コストがかかるため、これを一旦資産に計上しておき、償却という手続きを通じて、利用期間に順次配分する処理（費用配分）が採られる。

これに対して、広告宣伝費や通信費、地代、消耗品費等の場合には、経費として当期に支出を伴うものが多いため、毎期の要因の発生に応じて支払いが生じ、費用を直接計上する処理が採られる。

いずれの場合でも、こうした費用処理を行うには、前提として、支出金額が当初時点で確定していなければならない。

ところが、費用や損失のなかには、当期に事実や原因が生じ、将来も支出等が生じる可能性が高いことが明らかであっても、金額が、将来時点でなければ確定できないものも存在する。こうしたコストには商品保証を付した製品等の不具合によって行わざるを得ない保証対応に係る費用、売上債権の貸倒損失、退職給付に係る費用等がある。

本講では、そのような費用や損失を、期間損益計算の観点から見積り計上する際に利用される引当金の会計処理に焦点を当てて学習する。

第2節　引当金の基本処理と思考

複式簿記では、貸倒れに係る損失を合理的に期間配分するため、貸倒引当金処理（allowance method of account for uncollectible account）が用意されている。

引当金とは、期間損益計算を適正に行うという会計思考に基づいて、負債に計上される項目である。

引当金は日本の会計ルールにおいて次の4つの要件を満たす場合に計上が認められている。すなわち①将来の特定の費用または損失であり、②その発生原因が当期または当期以前の事象に由来しており、③発生の可能性が高く、④合理的に見積もることが出来るというものである。

引当金処理の基本メカニズムを説明すると次の通りとなる。まず、当期の費用額を見積り、それを費用勘定の借方に計上する。しかし、この費用に対応する現金支出等は将来行われるため当期に貸方計上できない。そこで、この現金支出を将来の義務として明確化するため、引当金という項目を同額分設定して、負債勘定の貸方に計上する。この結果、仕訳では引当金と費用が両建て計上されることになる。

【当期費用の計上と貸倒引当金の設定】

(借方)	○○引当金繰入 (当期費用の見積り計上)	××	(貸方)	○○引当金 (将来の支出に対する義務：負債の計上)	××

計上された引当金は、翌期以降、実際に支出が行われる時点で同額分を取り崩す処理を行う。

(借方)	○○引当金 (支出による義務の解消：負債の減少)	××	(貸方)	現　金	××

上記２つの仕訳を連続してみると、引当金の設定と取り崩しの手続きを媒介として、結局は、通常の費用計上と同様に、借方には費用が、貸方には資産の減少がそれぞれ記録されていることがわかるだろう。

このように、引当金の会計処理の本質は、将来生じる費用や損失のうち、当期の収益に対応させるべき費用を適正な期間損益計算の観点から計上し、将来の資産減少に帳簿記録を通じて備える役割にあるといえよう。

引当金には，商品保証引当金、賞与引当金、退職給付引当金、修繕引当金、そして貸倒引当金がある。それぞれ内容は異なるが、上述した引当金処理のメカニズムは基本的に同じである。

第３節　売上債権の回収と貸倒れ

（1）ビジネス活動上の債権

企業のビジネス活動では、商品の販売促進等の目的から信用が供与され様々な債権が生じる。商品販売において代金の受取りを後日とする場合には、企業に売掛金や受取手形等の売上債権が生じる。金銭を貸与する場合には、企業に貸付金等の金銭債権が生じる。最近では、クレジット・カードによる販売に基づいて信販会社に対するクレジット債権が生じることがある。いずれの債権も、支払期日および金額が当事者間で合意され、一定期間にわたり支払履行が猶予・延期されている。

債権は、猶予期間に無事決済されて現金等が回収（recovery）されるか、回収されずに貸倒れてしまうか、最終的にどちらかになる。回収されればリスクから解放されるが，貸倒れた場合には損害が生じる。したがって債権者は、期日までの期間、何らかの事情から債務者が支払いを履行せず、結果として債権が回収不能（uncollectible receivables）となるリスクを負担しなければならないのである（図表8－1）。

図表8-1　債権の回収と貸倒れ

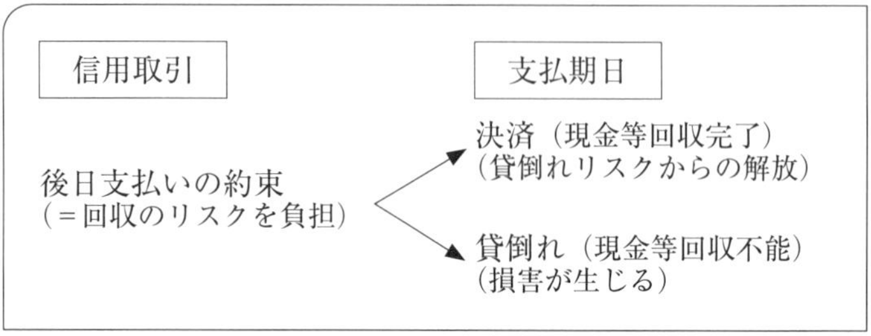

（2）売掛金の貸倒れ

売上債権に貸倒れが発生した場合、企業には損害が生じる。この場合、企業はその損害額について貸倒損失勘定（費用の勘定）を用いて記録して当期の損益計算に算入しなければならない。

例：商品を10,000売上げ、代金は掛とした場合

（借方）	売 掛 金 （売上債権：資産の増加）	10,000	（貸方）	売　　上	10,000

次に、この売掛金について当座預金に入金されて、無事回収された場合の処理については次のように行われる。

（借方）	当座預金	10,000	（貸方）	売 掛 金 （売上債権：資産の減少）	10,000

しかし、この売掛金が回収不能となり貸倒れてしまった場合には、損害が生じることになるため、回収不能分の売掛金を減額するとともにこれを費用処理しなければならない。

(借方)	貸倒損失 (回収不能による損害：費用の発生)	10,000	(貸方)	売 掛 金 (回収不能の売上債権：資産の減少)	10,000

（3）手形の不渡りと貸倒れ

手形代金の支払いの呈示を受けた銀行は、振出人の当座口座から代金を引き落とすが、残高不足等の理由で支払いが拒絶された場合、不渡りとなる（不渡りを６ヶ月以内に２度出した企業は銀行取引停止処分となる）。不渡りになった手形は，受取手形勘定から不渡手形勘定に振替えることで、振出人だけでなく裏書人にも償還請求（遡及）を行うことが出来るようになる。この際，遡及のために必要となる諸費用や期日以降の利息負担等についても不渡手形勘定の借方に含めることが出来る。

例えば、所持するＡ社振出しの約束手形が不渡りとなり、諸費用を当座預金から支払い、償還請求を行なった場合には次のように仕訳を行う。

(借方)	不渡手形 (債権の勘定)	××	(貸方)	受取手形 当座預金	×× ××

また、以前、裏書きあるいは割引した手形が不渡りになった際、償還請求に応じ当座預金から支払った場合には次のように仕訳される。

(借方)	不渡手形 (債権の勘定)	××	(貸方)	当座預金	××

不渡手形となっている受取手形の手形債権について、最終的には回収されないということが判明した場合、不渡手形勘定から貸倒損失勘定に振替え、その上で、債務保証を解消する処理を行う。

第４節　貸倒引当金の会計処理

（1）貸倒れと引当金

売上債権は、資金繰り事情で当座の支払いに困る取引相手に対して、信用を与えて与信取引を行うことにより、販売促進を図った結果生じる債権である。貸倒れの割合は、今日、経験的に一定割合で生じることが知られているので、販売者は、こうした割合を理解しながら与信取引を日々行っていることになる。

これを前提とすると、当期の販売額（売上高）のうち貸倒れてしまう金額については、当期のコストと解することができるだろう。この点に着目し行われるのが貸倒引当金の会計処理である。引当金会計を用いることで貸倒れにかかる費用のうち当期に属する分を見積計上することが可能となり、後日、事実が生じた時点で費用の過不足を調整することができるからである。

（2）貸倒れ金額の見積り

回収可能な債権（recoverable receivables）は売上債権の金額から貸倒れの見積額を差引いて算定される。したがって貸倒れの見積りをどのように行うかに焦点が当てられる。この見積り方法に関しては、債権の種類ごとに異なっている。これは債権の種類によって貸倒れの程度が異なるためである。ここでは一般債権とそれ以外について示す。

一般債権とは、経営状態に重大な問題が生じていない債務者に対する債権である。この一般債権については、実績法という方法によって算定が行われる。

【実績法による見積り額の算定】

貸倒見積額　＝　期末の売上債権　×　貸倒実績率

これに対し一般債権以外の債権については個々に回収可能性を判断して設定

が行われる。これは会社更生等のように経営に重大な問題が生じる状態においては、債権債務関係が一般の状態とは異なって調整されるからである。

（3）貸倒引当金の設定

貸倒引当金（allowance for doubtful accounts）の設定は、貸倒れに関するコスト負担を合理的に処理するため、引当金による会計処理を利用して行われる。貸倒引当金の設定手続きは、次の３ステップで行われる。

【貸倒引当金の設定】

① 現時点の貸倒れの金額を見積もる。

② 貸倒れ見積額を貸倒引当金（評価勘定）の貸方に計上する。
（貸倒引当金と売上債権等と比較して現在の回収可能額を示す。）

③ 貸倒れ見積額を、貸倒引当金繰入（uncollectible accounts expense）勘定（費用）の借方に計上する。（当期の費用として損益計算に関わらせる。）

（4）基本的な会計処理

それでは、上記の各ステップが実際の処理でどのように行われているのかを検討しよう。貸倒引当金の設定は決算時に行われる。例えば、売掛金の期末残高800,000に対し、２％の貸倒引当金を設定した場合は次のようになる。

（借方）	貸倒引当金繰入 （当期費用の計上）	16,000	（貸方）	貸倒引当金 （将来の債権減額に対する義務:負債の増加）	16,000

図表8-2　貸倒引当金設定の勘定記入

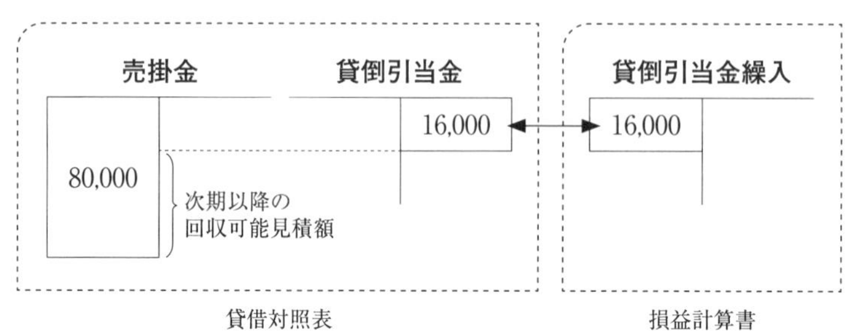

図表8－2の売掛金勘定には、貸倒れのおそれがあるものも含め、取引によって計上された数値が全て計上されている。貸倒れる可能性が高いとわかっていながらその金額が計上され続けているのは、どの売掛金が貸倒れになるかを特定できないからである。そのため、評価勘定である貸倒引当金を負債に計上することで売掛金と比べ、回収可能額を示すのである。どちらも財産の増減に関わるため貸借対照表項目として表示される。

一方で、この貸倒れ見積額は、当期の収益を獲得するために信用供与した結果生じるコストであるから、当期費用として貸倒引当金繰入勘定の借方に計上されることになる。こちらは，損益計算書項目として表示される。

（5）見積額と発生額の差

次に、貸倒引当金の設定後の処理について考えなければならない。前期計上された売掛金に対しては、前期末の貸倒引当金設定時点で、既に同額の費用が損益計算に算入されている。したがって、前期に計上された売掛金が、実際に当期になって貸倒れた場合には、貸倒引当金を用いて処理を行うことになる。

これには、2つのケースがある。ひとつは、貸倒れた売上債権が貸倒引当金設定額の範囲内の場合である。この場合企業は損失を計上する必要はなく、貸倒引当金を取り崩す処理のみを行う。もうひとつは、貸倒引当金設定済の金額を超過する場合である。この場合には、計上額までは貸倒引当金を取り崩し、超過分について当期の追加費用を計上しなければならない。

例えば、貸倒引当金残高は15,000の状態で、前期に計上したW商店に対する売掛金のうち10,000が貸倒れになった場合には次の仕訳が行われる。

（借方）	貸倒引当金	10,000	（貸方）	売　掛　金	10,000
（債権減額による義務解消：負債の減少）			（回収不能の売上債権；資産の減少）		

このように、費用負担には売掛金が回収できなくなることによる債権の減額も含まれる。これは、何らかのコスト負担のために資産が減少するという意味では同じ数字上の効果が見られるためである。

これに対して、上記と同じ設定の状態で、売掛金のうち20,000が貸倒れになったケースでは、次の仕訳が行われる。

（借方）	貸倒引当金	15,000	（貸方）	売　掛　金	20,000
	貸 倒 損 失	5,000			

超過分5,000は当期に生じた費用であるから貸倒損失勘定で処理する。つまり15,000は前期の損益計算に、5,000は当期の損益計算に関わらせることで、費用が合理的に期間配分されるのである（図表8－3）。

図表8-3　貸倒れの発生と貸倒引当金・貸倒損失の処理

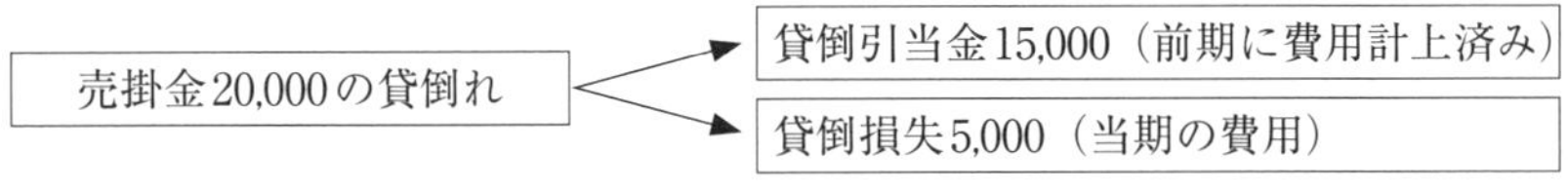

（6）設定額の調整法

前期末に設定した貸倒引当金が期中に全額取り崩されなかったため、決算に際して残高が存在していることがある。この場合、当期末に新たに貸倒引当金額を設定するにあたり、いくらとすべきかが問題となる。

基本的に当期末の新設定額が決算後の貸倒引当金残高となれば良いため、当期末の時点で両者を比べ、過不足がある場合にはこれを調整する。

この調整には２つのケースが存在する。

ひとつは、期末の貸倒引当金勘定の残高が新たな設定額より少ない場合である。これは不足している分（差額）だけ、貸倒引当金を追加で設定し補充しなければならないため、差額補充法と呼ばれている。

もうひとつは、期末の貸倒引当金勘定の残高が新たな設定額より多い場合である。貸倒れの見積りは毎期の経営環境により変化するため、前期末の設定額が当期の設定額を上回る場合も生じ得るのである。この場合は、新たに設定する貸倒引当金の金額を上回る分だけ貸倒引当金の残高を減額し、貸倒引当金戻入勘定（収益の勘定）を用いて処理を行う。

【差額補充法】

決算にあたり売掛金の残高1,000,000に対し３％の貸倒れを見積もったが、貸倒引当金の残高は8,000であった場合は、次のように処理される。

（借方）	貸倒引当金繰入 （補充分の当期費用の計上）	22,000	（貸方）	貸 倒 引 当 金 （引当金補充分：負債の増加）	22,000

図表8-4　差額補充法

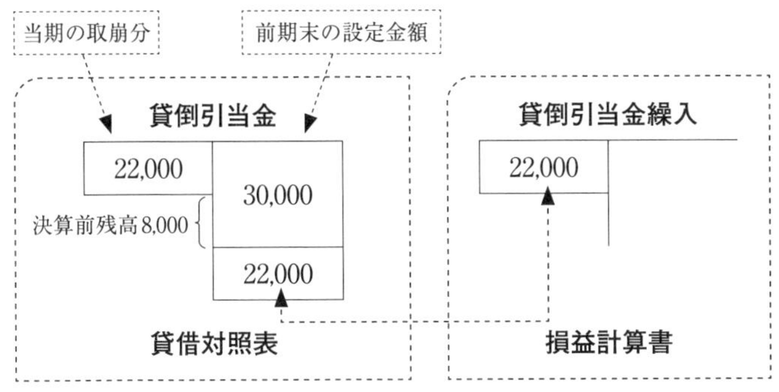

図表8－4に示したように、貸倒引当金の残高は8,000あるので、見積り額30,000との差額22,000だけを追加計上する。注意すべきは、当期の費用として計上されるのが22,000ということである。つまり取崩されなかった8,000と同額の費用は、前期に費用計上され損益計算に算入されているため、当期はその分計上を減額することでこれに対応するのである。

【貸倒引当金戻入れ】

決算にあたり売掛金残高1,000,000に対し３％の貸倒れを見積もり、その際貸倒引当金残高が38,000あった場合、次のように仕訳される。

（借方）　貸 倒 引 当 金　8,000　（負債の減少）　（貸方）　貸倒引当金戻入　8,000　（収益の発生）

この場合、借方で将来の債権減額義務が一部解消されたことを貸倒引当金の減額として表現し、貸方で貸倒引当金戻入という収益の勘定を用いることで前期末に過大計上された費用の分だけ損益計算の調整を行う（図表8－5）。

図表8-5　貸倒引当金の戻入れ

当期の減額分

前期末の設定金額

貸倒引当金

8,000 | 38,000

貸倒引当金繰入

8,000

貸借対照表

損益計算書

（7）償却債権取立益

貸倒れとして処理済みの債権の一部または全部が回収された場合、回収額を償却債権取立益勘定（収益の勘定）の貸方に記入する。

例　前期に貸倒れ処理した売掛金7,000のうち、6,000を現金で回収した場合

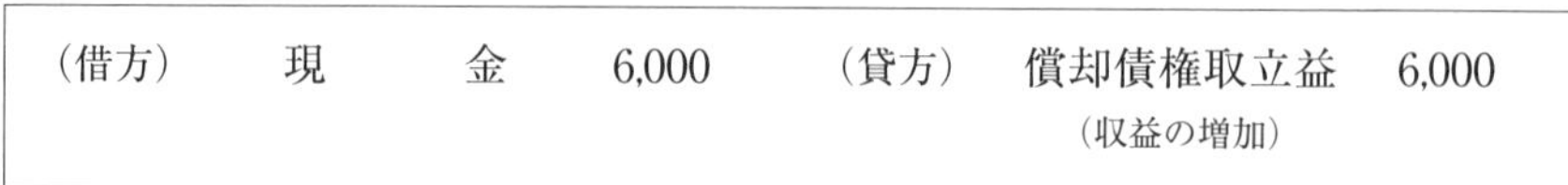

（借方）	現　　金	6,000	（貸方）	償却債権取立益 （収益の増加）	6,000

第５節　退職給付引当金

（1）退職給付制度

企業は、従業員との間に締結する雇用契約に基づいて、提供された労務に応じて、給与、賞与をはじめとする各種の労働報酬を負担する。このうち、退職給付は、①拠出：従業員の現役期間の勤務に応じ資金を拠出し積立て、②運用：それを原資として運用を行い、③給付：退職時以降に定められた給付を行う、という仕組みを持つ退職給付制度に基づいた労働報酬である。

企業が設置する退職給付制度には、大きく分けて２つの種類がある。

退職一時金制度は、企業が、従業員給付の原資となる掛け金を、毎期企業内部に積立てて、企業ごとに運用した上で退職時に一時金を給付するという制度である。

これに対し、企業年金制度は、企業が独自に設置する私的年金制度である。企業が、外部に設置した年金基金に対し掛金を拠出し積立て、これを原資として運用活動を行い、最終的に退職時以降に給付を行うという制度であり、企業の財務負担の違いに基づき、さらに２つの種類が存在する。

確定拠出制度は、企業が掛金の拠出時までの責務を負担する制度である。一方、確定給付制度は、企業が給付にまで責務を負担する制度である。

図表８-６　確定拠出制度と確定給付制度の違い

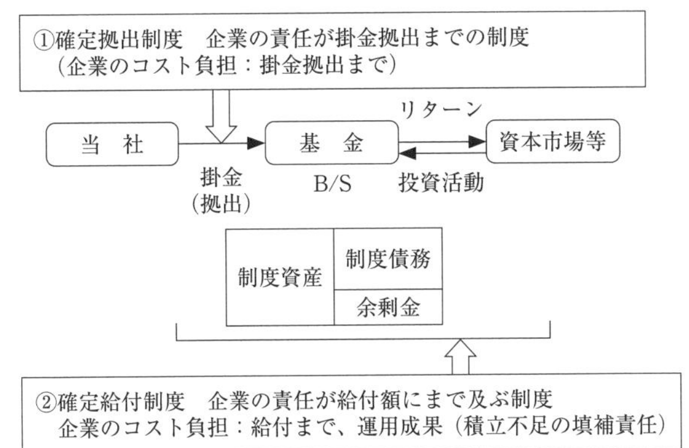

（2）退職給付引当金の会計処理

退職給付引当金の会計処理は、従業員が職務に貢献したことにより得られた当期収益と、従業員の勤務に応じて生じた当期の退職給付コストを、引当金の会計処理を通じて対応させることで、期間損益計算を適切に行うことを目的に今日行われている。

ただし、退職までの非常に長い勤務期間を給付資金の準備に充てる趣旨から、かかるコストの算定に際しては、ⓐ各々の制度の違いについて理解した上で、ⓑ期間中の時間価値と条件の変化とを考慮し、ⓒ給付のための資金運用活動のリスクとリターンを反映させ、さらに、ⓓ様々な数理計算上の差異を最終的に調整する必要がある。

具体的には、各期のコストを次式に基づいて算定し、それを当期の負担すべきコストとして引当金処理を行う。基本的な仕訳は次のように行う。

【退職給付引当金の基本仕訳】

(借方)	退職給付費用	××	(貸方)	退職給付引当金	××
(当期発生した退職給付に係るコスト)			(退職給付に係る掛金等拠出を行う義務)		

【退職給付費用の算定式】

退職給付費用　＝　勤務費用　＋　利息費用　－　期待運用収益

ここで、勤務費用とは、昇級率等の各種条件に基づき算定した退職給付総額の割引現在価値のうち当期に属する額であり、利息費用は、前年度に計上した勤務費用を1年分割引前に戻すため加える金額である。制度資産の運用収益がある場合は、給付用の資金を用意する企業の負担を軽減する意味があるため、2つの費用の合計から期待運用収益を除くことで退職給付費用を算定する。

退職給付に係る費用に対する拠出時および給付時の会計処理については、拠出額が外部積立される企業年金制度と内部積立される退職一時金制度とでは次のように異なる。

【外部積立の企業年金の拠出】

(借方)	退職給付引当金	××	(貸方)	当座預金	××

【内部積立の退職一時金の拠出】

仕訳なし

【外部積立の企業年金の給付】

仕訳なし

【内部積立の退職一時金の給付】

（借方）	退職給付引当金	××	（貸方）	当座預金	××

なお、連結会計では、退職給付制度の支給水準の変更等のように大きな条件変化がある場合に生じる過去勤務コストや、コスト算定上用いた多くの仮定や見積りと実績値との間に生じた数理計算上の差異の調整を行う。これらを調整する際は、次の仕訳を行う必要がある。これには２つの理由が存在する。

ひとつは、これらが勤務に応じて生じる期間費用とは別の要因から発生するコストであるからであり、もうひとつは、現在の会計制度では連結財務諸表と個別財務諸表の会計処理が別々に規定されており、特に、これら処理に違いが存在しているからである。

（借方）	退職給付引当金	××	（貸方）	退職給付に係る負債	××
	退職給付に係る調整額	××			

第９講
有価証券の発行と購入

第１節　有価証券の発行と購入

企業は、資金に余裕がある場合に有価証券を購入することがある。有価証券（securities）とは、取引所等において売買される、国債、地方債、公債、社債、株式等のことをいう。これらは財産権を表象する証券であり、その権利内容から大きく持分証券、負債証券、受益証券の３種類に分類される。

有価証券の売買市場には、新しく発行される証券を売買する発行市場と、一旦発行された証券が転売される流通市場がある。

図表9-1　有価証券の売買市場

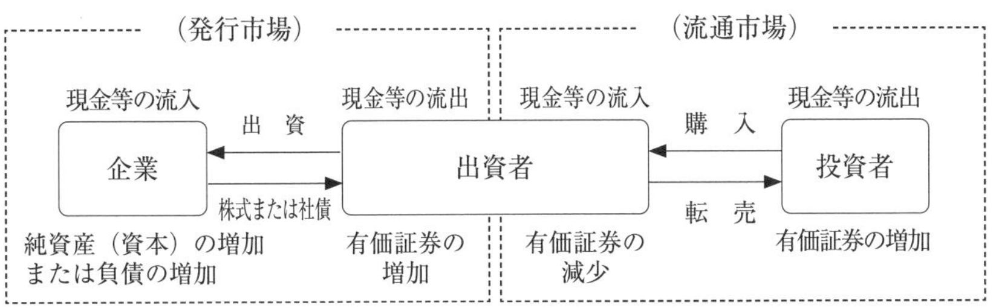

複式簿記において、有価証券取引を描写する場合には、発行者の立場であれば純資産あるいは社債等の会計処理の問題を扱い、購入者・転売者の立場であ

れば資産としての有価証券の会計処理を扱うことになる。

第2節　株式の発行

会社が株式を発行するのは、主として、①設立時において出資を募る場合、②増資時において出資を募る場合、③合併その他の対価として交付する場合、である。いずれも、株主資本の項目である拠出資本に関わる取引であるため、複式簿記においては、純資産項目の資本金勘定と、資本剰余金に属する勘定（資本準備金）によって処理を行っている。

株式会社は、様々な取り決めを定款（ていかん）という会社の基本ルールに定めた上で設立の登記を行うことで成立する。出資者は、自己の出資額に応じて企業資本の割合を所有し、様々な株主の権利を得る。企業が出資数に応じて株式を発行するのはこの権利を明確にするためである。

こうした背景から、会社法では、定款に授権資本と発行可能株式数を記載する等、企業の資本に関する様々な規定を定めている。無制限に株式の発行を認めると、株主の権利を希薄化させてしまうからである。

設立において株式を発行する際は、発行可能株式数の４分の1以上の株式を発行しなければならないとされている。また、株式発行に伴い企業に流入する払込額（出資額）について、資本金および資本剰余金に計上する割合を企業が決める際も、２分の１以上は資本金とすべきことが定められている。

例えば設立にあたって2,000,000の払込みを受けたので当座預金とし、資本金には会社法の規定する最低額を計上した場合、次の仕訳が行われる。

（借方）	当座預金	2,000,000	（貸方）	資本金	1,000,000
				資本準備金	1,000,000

会社設立までの支出については創立費、設立後営業を開始するまでの支出は開業費の勘定で処理し、原則として営業外費用として処理する。

しかし、これら支出の効果は将来時点で生じるため、一旦、繰延資産とし、一定の期間内で償却（費用化）する処理も認められている。これは、増資の際の株式交付費も同様である。

増資に関しては、次の手続きを行う。

新株100株を１株につき50,000の条件で公募したところ、期日までに全株式の申込みが決まり、引受人から申込証拠金が取引銀行に振り込まれた。

（借方）	別　段　預　金	5,000,000	（貸方）	株式申込証拠金 （引受人から払い込まれた金額）	5,000,000

払込期日になったので、申込証拠金を資本金に振り替え、別段預金を当座預金に預け入れた。なお、資本金には会社法の規定する最低額を計上した。

（借方）	株式申込証拠金	5,000,000	（貸方）	資　本　金	2,500,000
				資本準備金	2,500,000
	当 座 預 金	5,000,000		別 段 預 金	5,000,000

第３節　社 債 の 発 行

企業は、収益力や規模、対外的な信用度等を背景として、長期に安定的な資金を調達するため、社債を発行することがある。社債には、普通社債の他新株予約権付社債等がある。

普通社債を発行する際、企業は、市場における自社の社債に対する需要を勘案しながら、発行総額、額面額、利率、償還期限、償還方法等々の詳細な条件を設定し広く資金提供者を募る。そのため、通常の平価発行だけでなく、社債の総利回りを見劣りしない水準まで引き上げるようにクーポン・レート（利率）に加えて割引を行う場合（割引発行）や、その反対に、プレミアをつけて発行を行う場合（打歩発行）もある。

【普通社債の発行時の処理】

（借方）	預　金	×× （払込金額）	（貸方）	社　債	×× （払込金額）

【利息（クーポン・レート）支払時の処理】

（借方）	社債利息	××	（貸方）	現　金	××

いずれの方法でも、仕訳はこのように同様になるが、払込金額が異なることから、企業内に流入する調達資金の額と、負債として社債勘定に計上される金額は、発行方法の違いに影響されることがわかる。

特に、問題となるのは、平価発行以外の２つの方法において、最終的に償還すべき券面額と社債勘定の帳簿価額との間に差異が生じてしまうことである。そこで、割引発行と打歩発行の場合、次のように償還時までの間、社債利息と社債の帳簿価額を、償却原価法を通じて調整・解消する。

この調整方法には、実効利子率とクーポンレートの差異を順次調整する利息法と、発行差額を償還期間に渡り定額で調整する定額法がある。

【償却原価法の処理：割引発行の場合】

（借方）	社債利息	××	（貸方）	社　債	××

【償却原価法の処理：打歩発行の場合】

（借方）	社　債	××	（貸方）	社債利息	××

社債の定期償還時には、次の仕訳が行われる。

【定期償還時の処理】

（借方）	社　債	××	（貸方）	現　金	××

第４節　有価証券の保有目的と区分

（1）有価証券の保有目的

企業が有価証券を保有する目的は基本的に２つ存在する。ひとつは利殖目的であり、利息、配当の受取り、値上がりによる儲けの享受等がこれにあたる。これはさらに、短期の売買による利殖目的と、社債等を満期で保有する目的がある。いまひとつは資本参加目的であり、議決権の行使により他企業の経営やガバナンスに関与することがこれにあたる。

資産としての有価証券の処理を考える場合、この保有目的が重要な意味を持つ。というのも、保有目的が異なると有価証券に対する評価のニーズが異なるためである。

したがって、この保有目的に従って簿記会計上の有価証券は、分類されている。これらを資金循環の流れに沿って取得、保有、売却という３つの基本的な動きの中でどう捉えているかを理解することがこの領域の習得の上で重要な視点となる。

（2）有価証券の区分

有価証券には様々なものがあるが、会計上は保有の目的に応じて、売買目的有価証券、満期保有目的有価証券、子会社株式と関連会社株式、その他有価証券の４つの勘定に分類される。

【売買目的有価証券（trading securities)】

売買目的有価証券とは、日々の時価変動に基づく利殖を目的として保有する株式や債券をいう。保有の結果どれ程のリターンを得られるのかは、購入時や保有時と売却時との間で生じる価格差に依存する。したがって、会計処理も基本的にはこの部分に焦点が当てられ評価が重視される。そのため、期末時価により評価し、評価損益を当期の損益計算に関わらせることとされる。

【満期保有目的債券（held-to-maturity bonds)】

満期まで保有することを目的として保有する社債等はこの分類に含まれる。これについては、満期保有を目的とするので時価評価を行わないため評価損益が生じない。ただし、社債等は市場の利率と債券の利回りを調整するため、発行時の金額を額面より割安に設定するケース等があり、そのような場合には、満期に返済する額面額を段階的に準備し、金利も調整するため償却原価法による評価が適用される。

【子会社株式と関連会社株式（stocks of subsidiaries and affiliates)】

これは、他企業の支配等の目的で所有する有価証券であり、売買を目的としているわけではない。したがって、時価評価は行わないこととされる。ただし、時価が著しい下落をした場合には減額をしてこれを損益計算に算入させることとなる。

【その他有価証券（available-for-sale securities)】

これは上記３つの分類のいずれにも含まれないものである。期末評価は、市場価格のない株式以外、時価で行うが、評価差額は損益計算に算入されず、純資産の部に直接計上される（全部純資産直入法)。ただし、損失の場合には損益計算に算入することができる（部分純資産直入法)。

第５節　有価証券の会計処理

（1）有価証券の取得

企業が、証券取引所等において売買される、国債、地方債、公債、社債、株式等を購入した場合、区分に応じ、売買目的有価証券、満期保有目的債券、子会社株式・関連会社株式、その他有価証券の４つの有価証券勘定（資産）を用いて処理を行う。有価証券の取得原価は、購入に要した金額である。これは,次の算定式によって算出する。

【有価証券の取得原価の算定式】
取得原価　＝　購入価格　＋　買入手数料

まずは有価証券の取得の処理を見よう。売買目的でＡ社株式2,000株を１株につき500で購入し、買入手数料20,000とともに現金で支払った場合は、次のようになる。

（借方）	売買目的有価証券	1,020,000	（貸方）	現　　金	1,020,000

【有価証券の取得原価の計算式】　1,020,000　＝　2,000（株）× 500　＋　20,000

満期保有目的でＢ社の社債額面1,000,000を額面100につき97で購入し、代金は小切手を振出して支払った場合は次のようになる。

（借方）	満期保有目的債券	970,000	（貸方）	当座預金	970,000

【有価証券の取得原価の計算式】　970,000　＝　1,000,000　×　97／100

（2）有価証券の売却

有価証券を売却する場合、帳簿価額と売却時の手取額（手数料等を差し引いた額）の間に差が生じる際は、手取額が帳簿価額を上回っていれば有価証券売却益（gain on sales of securities）で、手取額が帳簿価額を下回っていれば有価証券売却損（loss on sales of securities）で処理する。

先のA社株式1,000株を1株あたり450で売却し、手取額は当座預金とした。

（借方）	当座預金	450,000	（貸方）	売買目的有価証券	510,000
	有価証券売却損	60,000			

先のA社株式1,000株を1株あたり550で売却し、手取額は当座預金とした。

（借方）	当座預金	550,000	（貸方）	売買目的有価証券	510,000
				有価証券売却益	40,000

（3）配当金・利息の受取り

配当を受け取ることは、株主に与えられている権利のひとつである。企業も株式を購入すれば、所有者であるため、この権利を享受することが可能となり、配当を受け取ることができる。企業が配当を受け取った場合、受取配当金（dividend income）勘定を用いて収益を計上する。

また、有価証券のうち公債や社債等の債権所有者には、予め約束された利息が定期的に支払われる。こうした利息を受け取った場合には、有価証券利息（interest on securities）勘定を用いて収益を計上する。

例えば、売買目的で所有しているD社株式1,000株に対して5,000の配当金領収書が送付されてきた場合、次のように仕訳される。

（借方）	現金	5,000	（貸方）	受取配当金 （収益の発生）	5,000

また、所有している額面1,000,000の有価証券（額面100につき97で購入）につき利払日となったため、利札を当座預金に預け入れた場合は次のようになる。なお、利率は年8%、利払いは年2回である。

（借方）	当 座 預 金	40,000	（貸方）	有価証券利息	40,000

【有価証券利息の計算式】 40,000 ＝ 1,000,000 × 8％ ÷ 2

（4）端数利息の処理

有価証券の利息は、利払日における有価証券所有者に支払われる。この利払いの方法は、ひとつの問題を引き起こす。それは、前の利払い日と次の利払いまでの間に有価証券の売買を行った場合、前の利払い後の期間の利息はすべて購入者（新所有者）に支払われるため、売却者（旧所有者）が保有期間に見合った利息額を直接受取ることができない、ということである。

そこで、当該利息分を端数利息として計算し、売買時に次の所有者に先に支払わせる方法が採用されることになる。図表9－2には、端数利息の例（月割計算）が示されている。

この場合、前利払い日後の7月1日から12月31日までの間の社債の利息額は6,000となっており、これが12月31日の利払い日に新所有者に対し支払われる。しかしながら、9月30日に売買を行ったため、受取るべき利息は旧所有者3,000、新所有者3,000となる。これを利払い日以降に当事者同士で授受するのは困難である。そこで、9月30日の売買日に、それまでの保有（経過日数）に応じた端数利息を計算し、購入者（新所有者）が売却者（旧所有者）に対し先に支払うのである。

図表9-2　端数利息の考え方

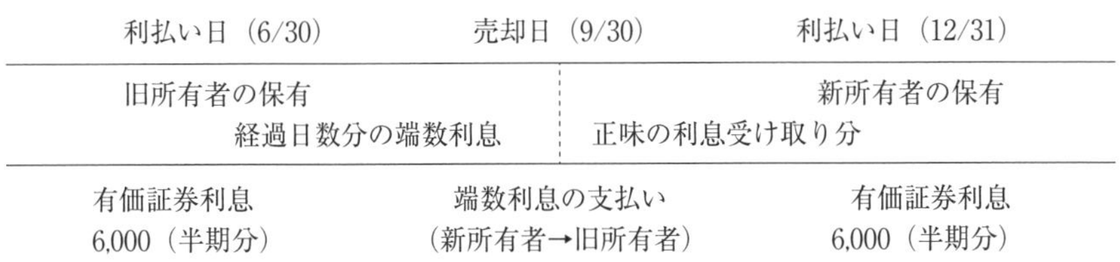

利払い日（6/30）	売却日（9/30）	利払い日（12/31）
旧所有者の保有 経過日数分の端数利息		新所有者の保有 正味の利息受け取り分
有価証券利息 6,000（半期分）	端数利息の支払い （新所有者→旧所有者）	有価証券利息 6,000（半期分）

(5) 有価証券の期末評価

売買目的有価証券とその他有価証券は、期末時点でどの程度価値が変動しているかを確認するために評価を行う。売買目的有価証券は、次のように、評価替えを行い、評価損益を利益計算に算入する。

【売買目的有価証券の評価①：時価＞帳簿価額】

(借方)	売買目的有価証券	×××	(貸方)	有価証券評価益	×××

【売買目的有価証券の評価②：時価＜帳簿価額】

(借方)	有価証券評価損	×××	(貸方)	売買目的有価証券	×××

一方、その他有価証券の期末評価は評価額と評価差額を確認することが主な目的であるため、全部純資産直入法の場合、期末に次の処理を一旦行った後、翌期首には再振替仕訳を行い、評価を戻す。

【その他有価証券の評価①：時価＞帳簿価額】

(借方)	その他有価証券	×××	(貸方)	その他有価証券評価差額金	×××

【その他有価証券の評価②：時価＜帳簿価額】

(借方)	その他有価証券評価差額金	×××	(貸方)	その他有価証券	×××

満期保有の債権に関しては、評価損益（差額金）を知る必要はないので時価評価は行わないが、金利の調整目的で安く（高く）発行を行なった等の場合は、償却原価法によって、満期までの間、帳簿価額を徐々に額面額に修正しながら、利息法・定額法等によって利息計算を調整する処理を行う。

【満期保有目的債券】

（借方）	満期保有目的債券	×××	（貸方）	有価証券利息	×××

第10講
固定資産とリース

第1節　固定資産の分類

企業が、事業活動を行うなかで、比較的長期にわたって経営活動に関わらせる目的で所有するのが固定資産である。固定資産には、有形固定資産、無形固定資産、投資その他の資産がある。

建物、備品、車両運搬具、土地等、企業の諸活動に用いられて収益獲得に貢献するものを有形固定資産という。特許権、借地権、商標権、のれん等、具体的な形はないが、所有することで経済的便益を得られるものを無形固定資産という。有価証券や長期前払費用等、長期の投資や他企業の支配目的で所有するものを投資その他の資産という。

いずれも、他の資産と同様、資金の循環に沿って取得、保有、売却の3つの動きによって把握することが可能であるが、固定資産は長期的な利用を行う資産であるため、保有中の処理の重要性が高くなる。

第2節　有形固定資産の会計処理

（1）有形固定資産（property, plant and equipment）の取得

有形固定資産には、償却資産（建物、構築物、装置機械、船舶、航空機、車両

運搬具、工具器具備品等)、減耗資産(鉱山、油田、山林等)、非償却資産(土地、美術品等)がある。

企業が有形固定資産を取得した時は、それぞれの勘定の借方に取得原価を記入する。取得原価の算定は図表10－1のように行う。

図表10-1　有形固定資産の取得原価

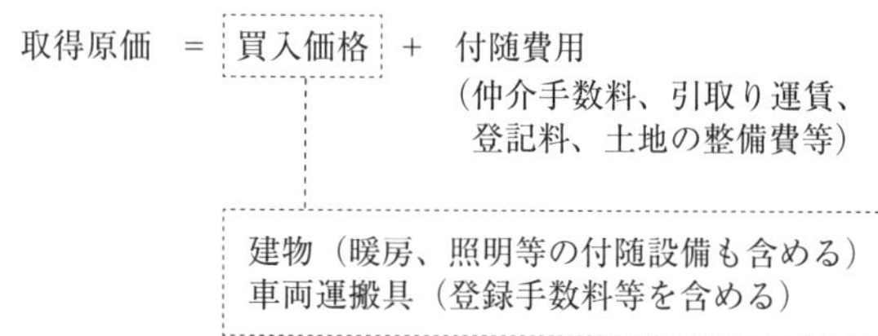

例

建　　物：営業用の店舗、事務所、倉庫等(暖房等の付属設備も含める)

備　　品：営業用の机、いす、各種事務機器等(耐用年数1年未満あるいは一定金額以下の場合には消耗品として扱う)

車両運搬具・営業用車両等：営業活動に使用する乗用車、トラック等(登録手数料等も含める)

土　　地：営業用に使用する土地(仲介手数料、登記料等を含める)

営業用建物を購入し、代金12,000,000と仲介手数料および登記料400,000を、小切手を振出して支払った。

(借方)	建　　物	12,400,000	(貸方)	当座預金	12,400,000
	(有形固定資産：資産の増加)				

商品陳列棚400,000を購入し、代金については月末に支払うこととした。据付代5,000は小切手を振出して支払った。

(借方)	備　　品	405,000	(貸方)	未 払 金	400,000
				当座預金	5,000

営業用のトラック1台を1,200,000で購入し、代金は月末払いとした。登録手数料等50,000は現金で支払った。

(借方)	車両運搬具	1,250,000	(貸方)	未 払 金	1,200,000
				現　　金	50,000

（2）減価償却の処理

有形固定資産は、生産や販売をはじめ企業の諸活動に利用されることで収益獲得に貢献する。

商品とは異なり、収益の獲得の過程で物理的な数量は減少しないが、土地を除く有形固定資産については使用や時の経過に伴って物理的価値は次第に減少（減価）する（物理的減価）。また、有形固定資産の陳腐化や不適応化等によって減価が生じることもある（機能的減価）。したがってこれらの減価をそれぞれ計算しなければならない。

このうち物理的減価は日々生じるが、簿記では日常に記録を行わず、期末の決算時に減価償却（depreciation）によって当期減価をまとめて記録する。

【減価償却の手続き】

①当期中の価値減少額（当期の減価額）を把握する。

取得原価（acquisition cost）を把握し、使用可能な耐用年数（useful life）と残存価額（residual value）を把握し当期の減価額を計算する。

定額法（毎期一定額を耐用期間に配分する方法）

減価償却費＝（取得原価－残存価額）÷ 耐用年数

定率法（毎期末の未償却残高に一定率を乗じ算定する方法）

減価償却費＝未償却残高×償却率

＊税法では、2012年4月1日以降取得の有形固定資産の償却率を下記のように定めており、200％定率法（初年度の償却額が定額法の2倍）と呼ばれている。
ただし,最低保証率を下回る場合「改訂取得価額×改訂償却額」で算定される

償却率　＝1 ÷耐用年数×倍率（2.0）

生産高比例法

減価償却費＝（取得原価－残存価額）× 当期利用量／総利用可能量

② 当期の減価額を、有形固定資産の帳簿価額より減少させる。

③ 当期の減価償却費（depreciation expense）を計上する。

例えば、取得原価500,000、残存価額50,000、耐用年数10年の備品の減価償却は定額法（straight line method）では次のように計算される。

減価償却費		取得原価		残存価額		耐用年数
45,000	＝	（ 500,000	－	50,000 ）	÷	10

1年目の償却後、備品の帳簿価額は455,000となる。（500,000 － 45,000）

2年目の償却後、備品の帳簿価額は410,000となる。（500,000 － 90,000）

3年目…

10年目の償却後　備品の帳簿価額は50,000となる。（500,000 － 450,000）

（3）減価償却の記帳方法

有形固定資産の減価償却の記帳方法には、直接法と間接法がある。このうち直接法は有形固定資産の帳簿価額を直接減額する方法である。一方、間接法は減価償却累計額（accumulated depreciation）という評価勘定（負債の勘定）を用いて、有形固定資産の帳簿価額を間接的に減額する方法である。

建物（取得原価100）につき減価償却した。償却前の帳簿価額は90、当期の減価額は10である（直接法による場合）。

（借方）	減価償却費 （費用の発生）	10	（貸方）	建　物 （資産の減少）	10

図表10-2　直接法による減価償却費の処理

建物（取得原価100）につき減価償却した。償却前の減価償却累計額は10、当期の減価額は10である（間接法による場合）。

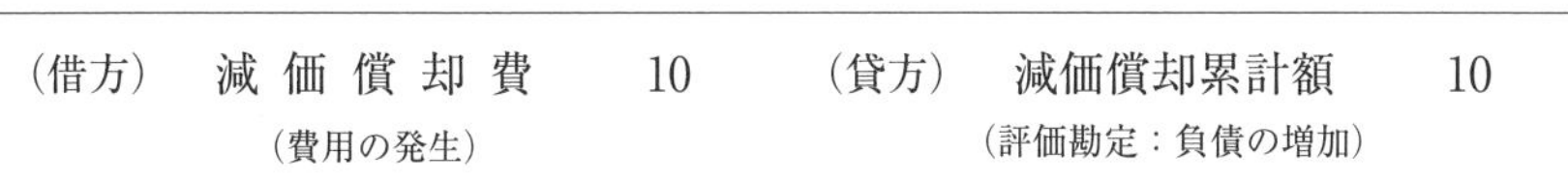

（借方）	減価償却費 （費用の発生）	10	（貸方）	減価償却累計額 （評価勘定：負債の増加）	10

図表10-3　間接法による減価償却費の処理

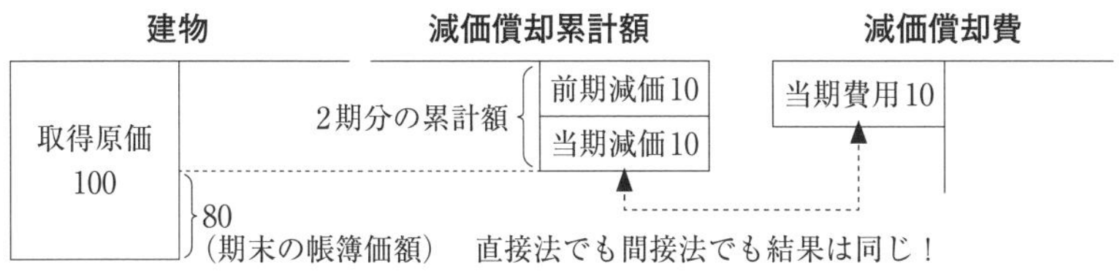

（4）減価償却の意味

この減価償却の本質は、有形固定資産の取得原価のうち減価償却される総額（取得原価から残存価額を差引いた金額）を、耐用年数（利用度）に応じ、各期に費用配分することである。図表10－4には、残存価額がゼロの場合、取得原価すべてが毎期の減価償却によって次第に費用化される様子を表現している。

毎期の費用化される減価償却額は図中では（a）で表され、減価償却されない部分は（b）として貸借対照表に計上される。したがって毎期減価償却を進めると貸借対照表価額が次第に少なくなり最終的にはゼロとなるのである。

図表10-4　減価償却の意味

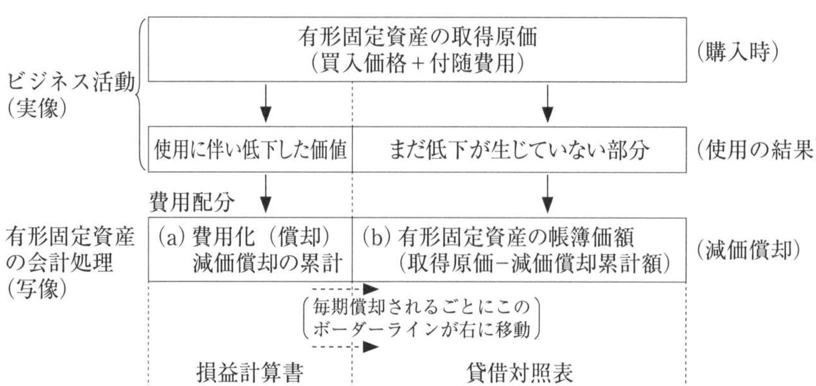

なお、IFRS（第12講第6節を参照）では、信頼性をもって公正価値を測定できる有形固定資産には取得原価に代え再評価額を帳簿価額とすることが認められている。この場合、再評価額が減価償却の基礎となる。

(5) 有形固定資産の修繕と改良

企業は、有形固定資産を保有して使用し続けるなかでその有形固定資産に対して金銭を支出する場合がある。これには主に2つの場合が存在する。

ひとつは、その有形固定資産の価値を維持するために行った修理や保守に対する収益的支出である。この支出額は修繕費勘定（費用の勘定）によって処理するため、当期の損益計算に関わる費用となる。いまひとつは、その固定資産の価値を増加させる目的や耐用年数を延長する目的で行った資本的支出である。この支出額は有形固定資産の取得原価に加算処理を行うため、使用期間に減価償却を通じて費用化される。

店舗の窓ガラスが破損したので修理し、代金25,000を現金で支払った。

（窓ガラスを元に戻すのは維持するための支出である：収益的支出）

（借方）	修　繕　費 （費用の発生）	25,000	（貸方）	現　　金	25,000

建物の増築を行い、代金1,500,000を、小切手を振出して支払った。

（増築に対する支出は建物の価値を増価させる：資本的支出）

（借方）	建　　物 （資産の増加）	1,500,000	（貸方）	当座預金	1,500,000

(6) 火災と保険

盗難や火災等のアクシデントに備え、資産に保険を掛けることがある。実際にアクシデントが生じた場合、契約時に予め見積もった金額と異なることが多いため、その処理を行う必要がある。具体的には、次のような仕訳を行う。

【火災焼失に対する保険請求を行った時】

(借方)	未 決 算	×××	(貸方)	建　物	×××

【保険金額が確定した場合①：保険金額>帳簿価額】

(借方)	未収入金 (後日受け取る保険金額)	×××	(貸方)	未 決 算	×××
				保険差益	×××

【保険金額が確定した場合②：保険金額<帳簿価額】

(借方)	未収入金	×××	(貸方)	未 決 算	×××
	火災損失	×××			

(7) 有形固定資産の売却・除却・廃棄

有形固定資産の売却については、売却時点の帳簿価額と手取金額の差額をどう処理するのかがポイントとなる。

【帳簿価額<手取額の場合】

直接法	(借方)	現　金	×××	(貸方)	備　品	×××
					固定資産売却益	×××
間接法	(借方)	現　金	×××	(貸方)	備　品	×××
		減価償却累計額	×××		固定資産売却益	×××

【帳簿価額>手取額の場合】

直接法	(借方)	現　金	×××	(貸方)	備　品	×××
		固定資産売却損	×××			
間接法	(借方)	現　金	×××	(貸方)	備　品	×××
		減価償却累計額	×××			
		固定資産売却損	×××			

耐用年数が経過した等の理由から有形固定資産を帳簿から除外することを除却という。この場合、処分価値があれば貯蔵品勘定を用いて処分まで借方記入する。売却・再利用ができない場合、廃棄の処理がなされる。

第3節　無形固定資産の会計処理

（1）無形固定資産

無形固定資産とは、企業がビジネス活動に長期にわたって利用する固定資産のうち、物理的形態のないものをいう。

無形固定資産には、様々なものが含まれるが、大別すると、①法律上の権利、②ソフトウエア製作費、③のれん、の3種類に分けることができる（図表10－5）。

図表10-5　無形固定資産の種類と例

【無形固定資産の例】

①法律上の権利（例）

特許権	特許を受けた発明を独占排他的に実施する権利
実用新案権	物品の形状、構造、組み合わせによる考案を独占排他的に行う権利
商標潅	商品、サービスに使用する商標に対して与えられる独占排他権
意匠潅	物品、建築物、画像のデザインに対して与えられる独占排他権
借地権	建物の所有を目的とする地上権又は土地の賃借権
鉱業権	一定の区域で地層から鉱物を採掘し取得することができる権利
漁業権	一定の水面において特定の漁業を一定の期間排他的に営める権利

②ソフトウエア制作費

販売目的	制作したプログラムを通常維持するための強化・改良のコスト
	※受注制作の制作費は棚卸資産計上、市場販売のバグ修正等の機能維持は費用処理しこれらと上記無形固定資産以外の市場販売の制作費・著しい改良は研究関発費とする。
自社利用	業務効率を向上させるプログラムの取得費用（購入費・制作費）
	※業務効率の向上とは収益獲得・費用削減をもたらすことをいう。

③のれん	他企業の取得等の時、純資産額より高く評価した「超過収益力」
	※高収益事業の権利の購入に伴い生じる純資産額との差額を追加的コストと捉える。

(2) 無形固定資産の会計処理

無形固定資産には、一般取引市場が存在しないため、客観的測定が難しく、また、同時かつ多重に利用できるものが多いため、負担したコストと効果との因果関係を正確に把握することが容易ではない。

取得については、のれん以外の無形固定資産の場合、有形固定資産に準じて、支出額を基準とした処理を行う。一方、のれんの場合、他企業取得等において純資産額より高く評価した超過収益力を追加コストと捉えて、取得原価とする。

【法律上の権利の取得：特許権】

(借方)	特許権	××	(貸方)	現　　金	××

【社内利用のソフトウエアの外注（上：一部代金支払い時、下:完成引渡し)】

(借方)	ソフトウエア仮勘定	××	(貸方)	現　　金	××
(借方)	ソフトウエア	××	(貸方)	ソフトウエア仮勘定	××

【のれんの取得】

(借方)	諸資産	××	(貸方)	諸 負 債	××
	のれん	××		当座預金	××

＊諸資産と諸負債は時価で評価し、実際上は具体的な資産・負債の勘定が用いられる。

利用に応じて企業の収益獲得に役立つという性質に基づき、無形固定資産も利用期間にわたって償却を行う。ただし、有形固定資産の減価償却とは異なり、定額法による償却であり、また直接控除方式（評価勘定を用いない）となる。償却期間は、法律上の権利の場合は法定耐用年数（月割計算)、ソフトウエアの場合は利用可能期間（通常5年以内、月割計算)、のれんの場合については、原則として20年以内の効果の及ぶ期間（月割計算）とされている。

【法律上の権利の償却：特許権】					
（借方）	特許権償却	××	（貸方）	特許権	××
【ソフトウエア製作費の償却】					
（借方）	ソフトウエア償却	××	（貸方）	ソフトウエア	××
【のれんの償却】					
（借方）	のれん償却	××	（貸方）	のれん	××

第4節　リース取引の会計処理

（1）リース取引

特定の有形固定資産（物件）について、所有者（貸手：レッサー）が利用者（借手：レッシー）に、予め合意された契約に基づいて使用する権利を与え、対価（代金）を受け取る取引のことをリース取引という。

図表10-6　リース契約の基本構図

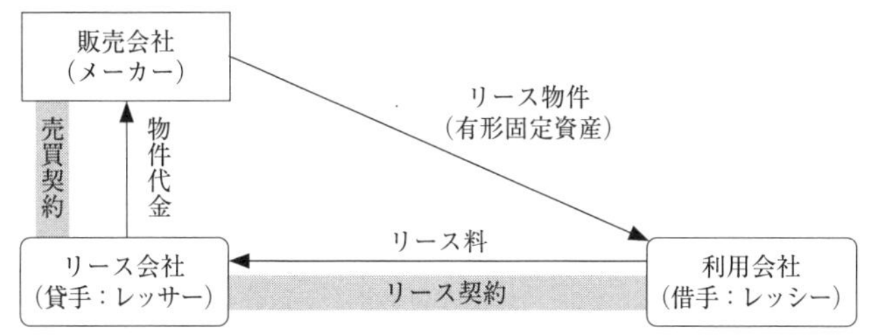

①リース会社は利用会社との間にリース契約を締結する。
②リース会社はメーカーとリース物件の売買契約を締結する。
③メーカーは利用者にリース会社所有のリース物件を納入する。
④利用者はリース会社にリース料を支払う。
⑤リース会社はメーカーに物件代金を支払う。

現在、リース取引は、契約内容に基づき、２つの種類に分類される。

ファイナンス・リース取引は、契約期間中の解約が不可能であり、リース物件から生じる経済的便益と使用コストが利用者に帰属するものをいい、満了時の所有権移転が明示される所有権移転ファイナンス・リース取引と、明示されていない所有権移転外ファイナンス・リース取引がある。

これに対し、上記に当てはまらない取引は、すべてオペレーティング・リース取引と呼んでいる。

ただし、この分類は、全てのリース取引を、使用権資産（リース資産）とリース負債（リース債務）で統一・計上するIFRSとは異なることから、今後ルールが変更される可能性が高い事項といえる。

（２）借手側の会計処理

①オペレーティング・リースの会計処理

オペレーティング・リースの場合、通常の賃貸借契約と同様に、契約時には処理を行わずリース費用を支払時に認識・測定し記録する。

【リース契約締結時】

仕訳なし

【リース料支払時】

（借方）	支払リース料 （費用の発生）	××	（貸方）	当座預金 （資産の減少）	××

【期末時点で未払分がある場合】

（借方）	支払リース料	××	（貸方）	未払リース料	××

②ファイナンス・リースの会計処理

ファイナンス・リースの場合、財務面で購入により取得した有形固定資産と同等の効果を有しているものと捉え、売買型処理を行う。この処理には、大別して利子込み法と利子抜き法の2つがある。

【会計処理の基本ポイント】
①リース物件の資産計上額をとのように認識測定するか？
②リースの債務計上額をどのように認識測定するか？

A支払総額（リース料）
- B 物件の購入代価（見積現金購入価額）
- C リース会社の手数料（手数料、利息、固定資産税、保険料等）

【現行の会計制度上の処理】

① B+Cとする方法（利子込み法） Bとする方法（利子抜き法）	② どちらの方法でもAとする

a 利子込み法の会計処理

この方法では、リース支払総額を構成する物件の購入代価分とリース会社の利息相当分を区別せずに処理を行う。

【取引開始日】

（借方）	リース資産	××	（貸方）	リース債務	××

【リース料支払日】

（借方）	リース債務	××	（貸方）	当座預金	××

【決算日】

（借方）	減価償却費	××	（貸方）	リース資産減価償却累計額	××

＊毎期末には、減価償却を通じて費用配分を行う。

b 利子抜き法の会計処理

この方法では、リース支払総額を構成する物件の購入代価分とリース会社の利息相当分を区別して処理を行う。

【取引開始日：見積り現金購入代価】

（借方）	リース資産	××	（貸方）	リース債務	××

【リース料支払日】

（借方）	リース債務	××	（貸方）	当座預金	××
	支払利息	××			

【決算日】

（借方）	減価償却費	××	（貸方）	リース資産減価償却累計額	××

＊毎期末には、減価償却を通じて費用配分を行う。

なお、前述のようにIFRSではこのようにリース取引を分けず、一部を除き、基本的にファイナンスリース型の処理を行うことで統一されているため、日本でも、現在、リース資産勘定ではなく使用権資産勘定で処理する方法が検討されている。

第11講
期間損益と純資産

第1節　2つの期間損益

（1）業績指標と分配指標

会計期間にビジネス活動を通じ獲得した損益、すなわち、期間損益を算定し明らかにすることには、少なくとも、2つの意味がある。

【業績指標としての期間損益】

営利を基本目的とする企業は、経営理念や目標に基づきビジネス活動の効率性・合理性を日々追求している。

期間損益の多寡をはじめとする会計情報が作成されることによって、その運営の舵取りを担う経営者は、自身の経営パフォーマンスの良否を判断するための業績指標を得ることができる。

また、かかる会計情報は、企業の多様なステークホルダーにとっても、企業の会計責任・受託責任に関する遂行状況や、企業への投資の可否についての判断指標として利用することが可能となる。

【分配指標としての期間損益】

企業には多様なステークホルダーが存在し、それぞれが経営資源の提供を通じて企業との間に固有の利害関係を有している。そのステークホルダーの間における利害調整に際して重要な役割を担うのが、期間損益である。

期間損益は、企業が営業サイクルにおいて拠出資本を用いてビジネス活動を行うことで得た稼得資本であり、資金の回収余剰である。この期間損益を、それぞれのステークホルダーに対する利害を裁定する際に、分配指標として利用することによって、全体としての利害調整がバランスよく行われ、機能することになる。

（2）２つの期間損益概念

現在の企業会計制度には、稼得資本の捉え方の広狭に従って、「当期純利益」と「包括利益」という、２種類の期間損益概念が存在する。

このうち損益取引を通じて記録されたデータに基づいて期間利益を算定する当期純利益は、稼得利益を狭く捉える概念である。

一方、資産・負債の評価差額のように、損益取引を経由せずに純資産に直入することで影響の程度のみを純資産に示す項目を、広義の稼得資本とみなして、それを当期純利益に加減して求めるのが包括利益である。

現行の会計制度では、連結財務諸表には、包括利益概念が採用されているが、個別財務諸表には、当面、採用が見送られ、当期純利益概念が用いられている。

第２節　当期純利益の算定と税コスト

（1）企業が負担する税コスト

企業が負担する税コストには、大別して、①期間費用として租税公課勘定により処理するものと、②最終的な課税所得に対し付加される税コスト、という２つの種類がある。

一般的に、営業活動を行う過程において、企業からの支払いが必要となる税には、企業に従業員からの徴収と納付が義務付けられる源泉所得税、所有する有形固定資産に対し課せられる固定資産税、契約等に際し作成された契約書類に貼り付けることが義務付けられている収入印紙形式の印紙税、等がある。

このうち源泉所得税は、従業員からの一時的預かりであるため、本質的には、企業が負担する税コストではないが、固定資産税や印紙税等は企業が営業する上で不可避なコスト負担である。そこで、企業が営業活動を行う上で負担したこれら税コストについては、租税公課勘定を用いて、次のように、通常の費用として処理され、販売費及び一般管理費のひとつとして扱われることになる。

郵便局において現金で収入印紙を購入した場合は次の処理を行う。

(借方)	租税公課	×××	(貸方)	現　金	×××

企業が、事業税を現金で納付した場合は次の処理を行う。

(借方)	租税公課	×××	(貸方)	現　金	×××

企業が固定資産税の納付書を受け取った際、未払税金勘定を用いた場合には次のように処理される。

(借方)	租税公課	×××	(貸方)	未払税金 (税金費用支払義務の増加)	×××

後日、上記の固定資産税を納付した場合は次のようになる。

（借方）	未払税金 （税金費用支払義務の解消）	×××	（貸方）	現　　金	×××

これに対し、企業が負担すべき税コストには当期におけるビジネス活動がすべて終了した時点で課されるものもある。

具体的には、法人税（法人の課税所得に対する国税）、法人事業税（企業が利用する地方公共サービスの負担）、法人住民税（法人の登記上の住所地に収める税金）等を企業は計算（課税計算）し、納付しなければならない。

これらの法人税等は、ビジネス活動の成果である期間利益に課税されるコストである。したがって、期間費用としての税金を算定する場合とは異なり、企業は当該会計期間に得られた課税所得に基づいて税コストを算定し、税引後当期純利益の算定に関わらせることになる。これらの基本的な仕訳は、次の通りである。

【法人税の中間納付を行なった場合】

（借方）	仮払法人税等	××	（貸方）	現　　金	××

【決算時：法人税額が確定した場合】

（借方）	法人税 住民税及び事業税	××	（貸方）	仮払法人税等	××
				未払法人税等	××

【法人税を納付した場合】

（借方）	未払法人税等	××	（貸方）	現　　金	××

【追徴を受けた場合】

（借方）	追徴法人税等	××	（貸方）	未払法人税等	××

【法人税額の還付が決定した場合】					
（借方）	未収還付法人税等	××	（貸方）	還付法人税等	××

消費税の税負担者は消費者であるが、税法では商品の販売等を行う企業に徴収義務を課している。こうした税を間接税といい、企業が納付するのは、基本的に売上の際預かった消費税と仕入れの際支払った税額の差額のみとなる。

制度的には税抜方式（消費税部分を別にする方式）で処理がなされる。具体的な会計処理を見ると、前者を仮受消費税で処理し、後者を仮払消費税で処理する。決算時に両科目を相殺し、仮払分が多い場合は未収消費税勘定で処理し、仮受分が多い場合、未払消費税勘定で処理をする。

消費税（税抜方式）の仕訳例は、下記の通りである。

【商品の仕入時の処理】					
（借方）	仕　入	××	（貸方）	現　金	××
	仮払消費税	××			
【商品の販売時の処理】					
（借方）	現　金	××	（貸方）	売　上	××
				仮受消費税	××
【決算時の処理】					
（借方）	仮受消費税	××	（貸方）	仮払消費税	××
				未払消費税	××
			＊差額が納付額（借方の場合還付額）となる		
【納付時（確定申告時）】					
（借方）	未払消費税	××	（貸方）	現　金	××

（2）税効果会計

期間損益は、企業がその会計期間に獲得した収益と、それを獲得するために費やしたコストが対応されることで、適切に算定がなされる。

ところが、課税所得に対する税コスト負担額（納税義務額）は、課税理論に基づいて算定されるため、発生ベースで捉える税コスト負担額との間に差異が生じ、結果、税引後の当期純利益に、当該期間に企業が負担すべき税コストが適切に反映されない、という問題が生じてしまう。税効果会計は、この差異を調整する目的で行われる。

税効果会計による調整計算は、課税所得計算に用いる益金・損金と期間損益計算に用いる収益・費用の違いがもたらす差異に着目することから始められる。

このような差異には、当期差異が将来には解消されない永久差異だけでなく、将来は解消されると見込まれる一時差異がある。そこで、将来加算一時差異と将来減算一時差異に関する調整を、引当金や減価償却等の場合は当期純利益計算において、その他有価証券等の場合は評価差額に対して行う。

【将来加算一時差異の場合の税引後の当期純利益計算の調整】

（借方）	法人税等調整額	××	（貸方）	繰延税金負債	××

【将来減産一時差異の場合の税引後の当期純利益計算の調整】

（借方）	繰延税金資産	××	（貸方）	法人税等調整額	××

【その他有価証券のプラスの評価差額に税効果の処理を適用した場合】

（借方）	その他有価証券	××	（貸方）	その他有価証券評価差額金	××
			（貸方）	繰延税金負債	××

【その他有価証券のマイナスの評価差額に税効果の処理を適用した場合】

（借方）	その他有価証券評価差額金	××	（貸方）	その他有価証券	××
	繰延税金資産	××			

なお、繰延額の計算には、①一時差異の発生年度の税率を用いる繰延法と、②一時差異の解消年度の税率を用いる資産負債法がある。

第3節　株式会社の純資産

(1) 株主資本 (shareholders' equity)

株式会社の純資産の部は、株主資本（株主が出資した資本に関わる計算を扱う項目）とそれ以外の要素（評価換算差額等）から構成されている。ここでは、株主資本の会計処理に焦点を当てる。

株主資本は、資本金、資本剰余金（capital surplus）、利益剰余金（retained earnings）から構成される。このうち株主からの出資等に関わる資本計算によって生じる項目を扱っているのが資本および資本剰余金であり、企業の経営の成果として生じた項目を扱っているのが利益剰余金である。

(2) 剰余金の処理

資本金以外の株主資本としては、会計上の剰余金（資本剰余金と利益剰余金）がある。剰余金が設けられている理由としては、利益が生じた場合の配当や損失が生じた場合の処理に企業がこれを利用できるようにするためである。

資本剰余金は、資本準備金（株主から払い込まれた金額のうち会社法で積立が強制されるもの）とその他の資本剰余金から構成される。利益剰余金には利益準備金（企業の利益のうち会社法で積立が強制されるもの）と、任意積立金（繰越利益剰余金のうち任意に積み立てられたもの）や繰越利益剰余金（retained earnings brought forward）等のその他の利益剰余金から構成される。

資本準備金（legal capital surplus）と利益準備金（legal retained earnings）は、どちらも会社法上積立が強制されている法定準備金である。会社法では、株主資本のうち資本金と法定準備金を超過する部分を剰余金と呼び、基本的に剰余金の処理を企業に委ねている。

図表11－1　剰余金の処理の財源

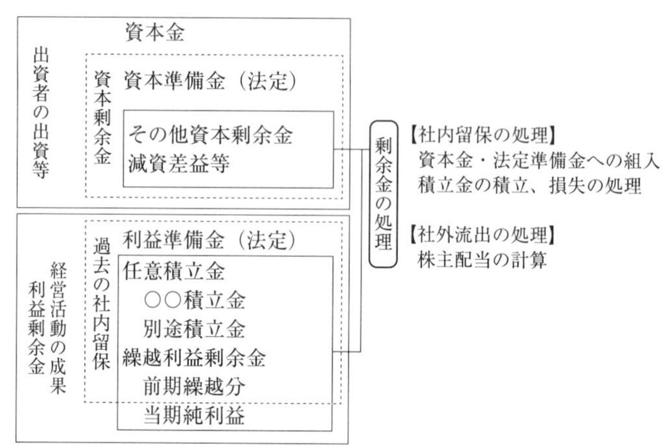

会社法上の剰余金の処理は、大きく2つに分かれる。ひとつは、株主配当を行うことであり、もうひとつは、剰余金を社内留保して、資本金・法定準備金への組入や各種積立金の積立、損失処理等を行うことである。

配当は剰余金を社外に流出させるため、会社法上は配当規制が設けられている。配当の財源は一般的に、当期純利益が期末に直接振替られる繰越利益剰余金であるが、任意積立金を取り崩しても良く、また、「その他の資本剰余金」とすることも制度上認められている。

任意積立金（voluntary retained earnings）に関しては、特定目的のある積立金と特定目的が決められていない別途積立金がある。これらを取り崩す場合、会社法上の規定に基づき意思決定機関が決定を行う。特定目的のある積立金は目的に合う取り崩しであれば取締役会が決定し、それ以外の取り崩しは株主総会が決定する。

繰越利益剰余金には、当期以前の繰越残高が計上されているが、これに加えて期末に当期の純損益が振替えられる。原則として株主総会の決議を経てから、これらを財源とする利益処分が行われるが、取締役会の決議のみで配当を行うことも一定の条件を満たせば可能である。

いずれにせよ、配当の際には、分配可能額を求め、その範囲内で配当を行うと同時に、配当額の10分の1を財源に合わせ資本準備金、利益準備金のいずれかに積立てなければならない。この積立は、資本準備金と利益準備金との合計が資本金の4分の1になるまでの間行われる。

(借方)	繰越利益剰余金	×××	(貸方)	利益準備金	×××
				未払配当金	×××
				別途積立金	×××

配当額について、後日、小切手を振出して支払った。

(借方)	未払配当金 (配当支払義務の解消)	×××	(貸方)	当 座 預 金	×××

第12講
決算の手続き

第1節　決算情報のニーズ

企業の経営者は経営活動を行う上で、また利害関係者は出資の継続や追加的出資等の経済的意思決定を行う上で、ビジネス活動の顛末に関わる情報を、それぞれ判断材料として利用する。

しかしながら、日常の記帳活動では、仕訳帳には日付順のデータを、総勘定元帳には勘定ごとのデータを蓄積することが中心的に行われるため、こうした情報ニーズに応え得る判断資料を必ずしも十分な形で提供できない。

そこで企業は、一定の会計期間を設定し、期末において決算の手続きを行って、企業が行ったビジネス活動の顛末に関わる情報を要約し定期的に開示するようになる。

決算とは、企業が日常の記帳活動（仕訳・転記等）によって記録したデータに基づいて行う一連の手続のことである。基本的には、決算予備手続き、決算本手続き（帳簿決算）、財務諸表の作成の３つのステップで行われる。

図表12-1　決算の手続き

決算予備手続き	①仕訳帳（日常）の締め切り ②試算表の作成 ③棚卸表の作成と決算整理 ④精算表の作成
決算本手続き （帳簿決算）	⑤元帳の締め切り 　損益、残高への集計 ⑥仕訳帳（決算仕訳）の締め切り
財務諸表の作成	⑦損益計算書の作成 ⑧貸借対照表の作成

第２節　決算予備手続き

（1）決算予備手続きの流れ

帳簿に記録されたデータ（主に元帳の記録）が正しいかどうかを確かめるための手続きが、決算予備手続きである。これは、仕訳帳の締切り、試算表の作成、棚卸表の作成と決算整理、精算表の作成の４つのプロセスで行われる。

【仕訳帳の締切り】

日常の取引に基づくデータと決算での追加・修正等により変更されるデータとを区分するため、日常の取引が終了した時点で一旦仕訳帳を締切る。

【試算表の作成】

元帳の各勘定に集積した日常取引に関するデータの合計額や残高を、試算表に集計し、一覧できるようにする。

【棚卸表の作成と決算整理】

決算は、記録されたデータを基に行われるが、記帳漏れや誤記録等により帳簿記録が必ずしも実際の姿を忠実に表すとは限らない。

そこで、一旦帳簿を離れ、対象となる資産・負債の実際の有高を調査して棚卸表を作成し、帳簿記録との比較を通じ、決算整理事項を明らかにする。その上で、決算整理仕訳により各勘定が実際残高を示すように修正を行う。収益・

費用に関しても、帳簿の記録上の各データが、当期に帰属する金額を正確に示すよう修正する。

主な決算整理事項を挙げると、現金過不足の処理、銀行勘定の調整、有価証券の評価、売上原価の計算、棚卸減耗損と商品評価損の処理、減価償却の処理、無形固定資産の償却、満期保有債権の償却原価の処理、貸倒引当金の設定、その他引当金の設定、費用・収益の見越し・繰延べ、法人税消費税等である。

【精算表の作成】

精算表は、決算の全プロセスを一つにまとめた一覧表であり、決算本手続に先立ち、帳簿から離れて、一期間の経営成績、財政状態、損益等、あらましを知る目的で作成される。注意すべきは、精算表の作成だけでは、帳簿の締切りや、財務諸表の作成が行われていない状態ということである。

（2）費用・収益の見越し・繰延べ

費用と収益の見越し・繰延べ勘定（deferred and accrued accounts）は、図表12－2のように分類される。これは繰延勘定と見越勘定の２つに大別される。

繰延勘定は、次期以降の分が当期の金額に含まれている場合に用いる勘定であり、前払費用（prepaid expense）勘定（資産）を用いて処理する費用の繰延べと、前受収益（unearned revenue）勘定（負債）を用いて処理する収益の繰延べに分類される。

また、見越勘定は、当期の金額となるべきものが未計上になっている場合に用いる勘定であり、未払費用（accrued expense）勘定（負債）を用いて処理する費用の見越しと未収収益（accrued revenue）勘定（資産）を用いて処理する収益の見越しに分類される。

図表12-2　経過勘定の分類

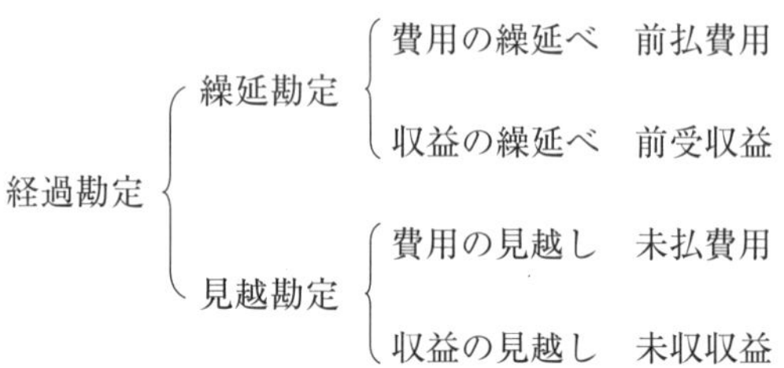

費用と収益の多寡が、経過勘定として資産と負債で処理される理由は少なくとも２つ存在する。第1の理由は収益と費用の性質面に関わっている。費用は純資産減少要因である。そのため、費用を見越すことで当期行われなかった純資産の減少を次期以降に必ず行う責務が生じる。また、費用を繰延べることで既に減少させた純資産に見合う役務提供を求める権利が生じる。

一方、収益は純資産増加要因である。そのため、収益を見越すことで当期行われなかった純資産増加を次期以降に必ず行うよう求める権利（契約資産）が生じる。また収益を繰延べることで既に増加した純資産に見合う役務提供を必ず行う責務（契約負債）が生じる。

第２の理由は、損益勘定は抽象的で名目的な勘定であり、繰越しが出来ないことに関っている。つまり繰越し可能な貸借対照表の実在勘定に計上して一旦繰越し、翌期に損益勘定に再振替するのである。

（3）貯蔵品の会計処理

郵便切手や収入印紙は、購入時に費用勘定によって処理を行うこととされている。しかしながら、購入分の全てが、期中において使用されるわけではない。そこで、貯蔵品勘定を用いて翌期に繰越し、翌期首には、元の費用勘定に再振替によって振戻すという処理が行われる。

例　決算にあたり、未使用の収入印紙と郵便切手を資産計上した。

(借方)	貯蔵品	×××	(貸方)	租税公課	×××
				通信費	×××

例　期首において、貯蔵品を振り戻す処理を行った。

(借方)	租税公課	×××	(貸方)	貯蔵品	×××
	通信費	×××			

第3節　決算本手続き

(1) 決算本手続き

決算本手続きは、帳簿決算ともよばれ、帳簿（元帳と仕訳帳）を締切り、財務諸表の作成準備を行うプロセスである。基本的には、次の２つの作業が行われる。ひとつは仕訳や繰越処理による総勘定元帳の締切りである。もうひとつは仕訳帳の締切りである。この２つのプロセスにおいて各勘定の残高が確定され、集計されて財務諸表を作成するための基礎データが得られる。

(2) 決算本手続きにおける振替処理（帳簿決算）

決算本手続きは帳簿を締め切る作業であるため、帳簿決算と呼ぶこともある。

図表12-3　総勘定元帳の締切り（大陸式決算法の場合）

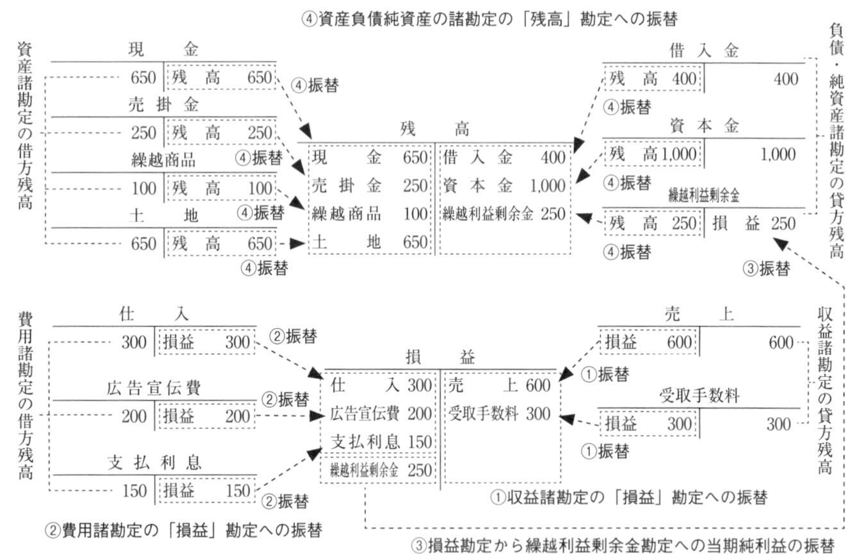

総勘定元帳の各勘定を締め切りながら、損益データと貸借対照表データを集計する作業プロセスには２つの方法がある。ひとつは、大陸式決算法と呼ばれる方法であり、これは元帳を締切る際に収益勘定と費用勘定のデータを「損益(income summary)」勘定に集め、資産勘定、負債勘定、純資産勘定の各データを「残高（closing balance account)」勘定に集める方法である。いまひとつは英米式決算法と呼ばれる方法であり、これは元帳を締め切る際に収益勘定と費用勘定のデータを「損益」に集め、資産勘定、負債勘定、純資産勘定は繰越処理を行う方法である。図表12－3では、大陸式決算法の場合における個人企業の帳簿締切りの手続き①から手続き④が示されている。

【手続き①：収益の諸勘定の「損益」勘定への振替】

例えば、売上には600、受取手数料には300の残高がそれぞれ存在する場合の作業手順をみよう。

まず、売上勘定の残高600を損益に振り替える。

(借方)	売上	600	(貸方)	損益	600
	(振替のため収益勘定の減少)			(損益勘定の貸方に振替)	

同様に、受取手数料勘定の残高300を損益に振り替える。

(借方)	受取手数料	300	(貸方)	損益	300
	(振替のため収益勘定の減少)			(損益勘定の貸方に振替)	

この2つの仕訳の結果、仕訳前に売上と受取手数料の2つの勘定に計上されていたそれぞれの残高はゼロになり、代わりに損益勘定の貸方に両残高が集計される。図表12－3では、振替仕訳の前後で収益総額が同じ900であることが確認できる。

【手続き②：費用の諸勘定の「損益」勘定への振替】

例えば、仕入勘定には300、広告宣伝費勘定には200、支払利息勘定には150が残高としてそれぞれ存在する場合の作業手順をみよう。

まず、仕入勘定の残高300を損益に振り替える。

(借方)	損益	300	(貸方)	仕入	300
	(損益勘定の借方に振替)			(振替のため費用勘定の減少)	

同様に、広告宣伝費勘定の残高200を損益に振り替える。

(借方)	損益	200	(貸方)	広告宣伝費	200
	(損益勘定の借方に振替)			(振替のため費用勘定の減少)	

さらに、支払利息勘定の残高150も損益に振り替える。

(借方)	損　　益	150	(貸方)	支払利息	150
	(損益勘定の借方に振替)			(振替のため費用勘定の減少)	

これら仕訳の結果、仕訳前に仕入、広告宣伝費、支払利息の3つの勘定に計上されていたそれぞれの借方残高はゼロになり、代わりに損益勘定の借方にそれぞれの残高が集計される。図表12－3を見ると振替仕訳の前後で費用総額は同じ650であることが確認できる。

【手続き③：当期純利益を、純資産に振り替える】

①および②の振替の手続きを通じて、収益勘定と費用勘定の各残高が損益勘定に振替えられると、損益勘定が貸借バランスしていない状態となる。そこで、損益勘定を締切るため、その差額についても振替える必要が生じる。

損益勘定の貸方は純資産の増加要因である当期収益を，借方は純資産の減少要因である当期費用を表しているので、その差額は当期の純資産増減要因によって生じた当期純損益を表すことになる。したがって、この当期純損益を資本の増減に加えるため純資産に振替える。例えば、損益の残高250を純資産に振り替える仕訳は個人企業の場合次の通りである。

(借方)	損　　益	250	(貸方)	資本金	250
	(当期純利益の振替)			(純資産の増加)	

この仕訳により、当期の損益計算に関わる勘定は全て締め切られ、同時に資本金勘定にも当期純利益が加算され、期末残高が表される。

株式会社の場合は、振替先は資本金ではなく繰越利益剰余金勘定になる。振替後の利益処分等については前講で述べた通りである。

(借方)	損　益 (当期純利益の振替)	××	(貸方)	繰越利益剰余金 (株式会社の純資産の増加)	××

【手続き④：資産・負債・純資産の各勘定を締め切る】

資産・負債・純資産の期末残高が出揃うと、次に行うべき手続きはこれらの実在勘定を締切ることと、これら期末データを1箇所に集計することで貸借対照表の基礎データを明らかにすることとなる。大陸式決算法の場合、資産・負債・純資産の各勘定残高を「残高」勘定に振り替える手続きが行われる。

資産の各期末残高は、現金650、売掛金250、繰越商品100、土地650であった。これをそれぞれ残高勘定に振替える。

(借方)	残　高	650	(貸方)	現　金	650
(借方)	残　高	250	(貸方)	売掛金	250
(借方)	残　高	100	(貸方)	繰越商品	100
(借方)	残　高	650	(貸方)	土　地	650

借入金の期末残高は400であり、資本金の残高は1,000、繰越利益剰余金の残高は 損益からの振替分250であった。これをそれぞれ残高勘定に振替える。

(借方)	借入金	400	(貸方)	残　高	400
(借方)	資本金	1,000	(貸方)	残　高	1,000
(借方)	繰越利益剰余金	250	(貸方)	残　高	250

翌期首になったら、開始仕訳により残高勘定から各勘定に再振替（reversing entries）することで、各勘定の残高を戻さなければならない。

以上で大陸式決算法による個人企業の帳簿の締切りは完了するが、決算法にはこの他英米式決算法があり、現在では広く利用されている。英米式決算法の場合、上記の①から③までの手続きは同じであるが、④の手続きが異なる。

具体的には、資産、負債、純資産の各勘定について残高がゼロになるように、残高の反対側に次期繰越と赤で記入し金額を計上して締切る。この後、貸借対照表の基礎データを示すため、資産・負債・純資産の繰越額を集め、繰越試算表を作成する。これは繰越記入の正確さを確かめるためでもある。

翌期首には、開始仕訳は行われないので、期末残高の数値に戻すため、元の残高が生じていた側（つまり次期繰越と記入した側の反対）に前期繰越と赤で記入し金額を計上しなければならない。図表12－4には、以上の英米式決算法による元帳の締切りが示されている。

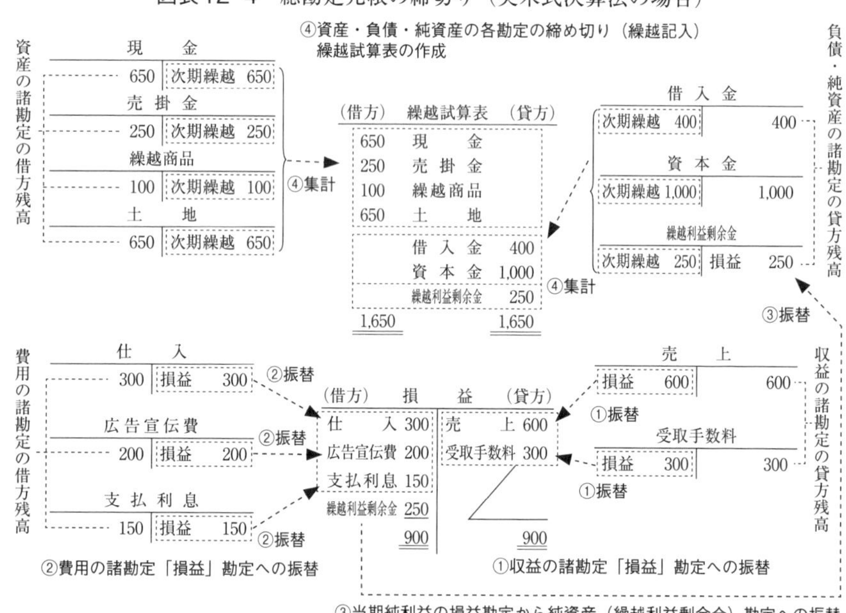

図表12-4　総勘定元帳の締切り（英米式決算法の場合）

（3）仕訳帳と元帳の締め切り

仕訳帳は、決算予備手続きの最初の段階において、いったん締め切られるが、その後決算整理仕訳が行われている。したがって、これらを記入した後に再び締め切る必要がある。振替処理を行った時点で、元帳の各勘定残高はゼロであるが、追加記入できないように締め切る必要があるのである。

仕訳帳も元帳も、次期期首には、開始記入を行う必要がある。英米式の場合には、仕訳帳に繰越試算表の合計額を記入し、資産、負債、純資産の各勘定に前期繰越と記入を行う。大陸式の場合には、資産、負債、純資産勘定について開始仕訳を行い、仕訳帳に仕訳を記入してから元帳に転記を行う。

第4節　本支店の当期純利益の統合

（1）本支店会計の必要性とデザイン

会社は当初、本店所在地を中心に業務を営むが、業務地域が拡大すると、取引等の便宜面を考慮し各地に支店や営業所を設けるようになる。その際、取引を記録する帳簿も本店とは別に設けるべきかを検討する必要が生じる。

支店の取引には2つの記録方法があり、②の場合には、特に、本支店相互の取引に関わる処理を正しく描写することが重要なポイントとなる。

①本店集中会計制度：支店の取引も本店に置かれた帳簿に記帳する方法

②支店独立会計制度：支店の取引を支店の帳簿に記帳する方法

（2）本店と支店の取引と会計処理

本支店会計では、本支店の相互取引に、本店勘定と支店勘定を用いて、次のように様々な取引を処理する（左が本店の処理、右が支店の処理）。

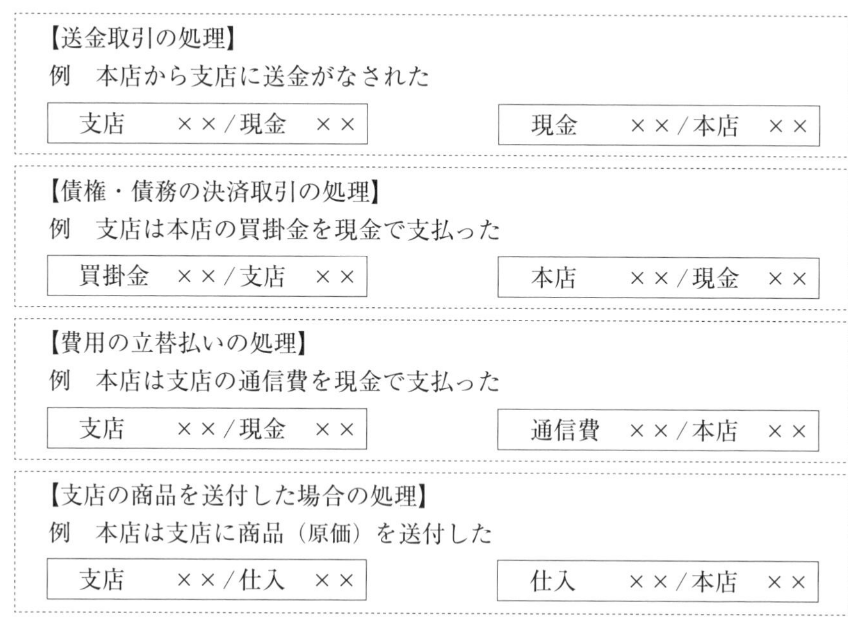

【送金取引の処理】
例　本店から支店に送金がなされた

本店	支店
支店　××／現金　××	現金　××／本店　××

【債権・債務の決済取引の処理】
例　支店は本店の買掛金を現金で支払った

本店	支店
買掛金　××／支店　××	本店　××／現金　××

【費用の立替払いの処理】
例　本店は支店の通信費を現金で支払った

本店	支店
支店　××／現金　××	通信費　××／本店　××

【支店の商品を送付した場合の処理】
例　本店は支店に商品（原価）を送付した

本店	支店
支店　××／仕入　××	仕入　××／本店　××

（3）本支店の勘定データの統合と合併財務諸表の作成

①本支店会計における帳簿上の決算処理は、概ね次の通り行われる。

【本支店帳簿上の決算処理】

i 帳簿の締切り　（本店、支店それぞれで行う）

ii 未達事項の整理（本店、支店それぞれで行う）

iii 決算整理　　　（本店、支店それぞれで行う）

iv 貸借対照表及び損益計算書（本店、支店それぞれで作成）

v 費用・収益の損益勘定への振替（本店、支店それぞれで行う）

vi 総合損益の算定と繰越利益剰余金への振替

a 当期純利益の振替

・支店における当期純利益の本店への振替処理

（借方）　損　　益　　××　（貸方）　本　　店　　××

・本店における支店の当期純利益の振替（引継）処理

（借方）　支　　店　　××　（貸方）　損　　益　　××

b 内部利益の控除（上段：期首商品に含まれる内部利益、下段：期末商品に含まれる内部利益）

（借方）繰越内部利益　××　（貸方）繰越内部利益戻入　××

（借方）繰延内部利益控除　××　（貸方）繰延内部利益　××

c 戻入・控除を総合損益勘定へ振替

（借方）繰越内部利益戻入　××　（貸方）　損　　益　　××

（借方）　損　　益　　××　（貸方）繰延内部利益控除　××

d 当期純利益の繰越利益剰余金への振替

（借方）　損　　益　　××　（貸方）繰越利益剰余金　××

②本支店合併財務諸表の作成

本支店合併財務諸表の作成手順は、概ね次の通りである。なお、作成に際し未達取引を決算日に記帳する場合と、未達取引を実際到達日に記帳する場合があり、後者の場合には、決算修正を行うことが必要となる。

【本支店合併財務諸表の作成】

ⅰ 本店と支店、それぞれの貸借対照表と損益計算書のデータを合算する。

（ⅱ 未達取引と未達取引に関わる決算整理の修正）

＊ⅱは未達取引を実際到達日に記帳する場合のみ行う

ⅲ 支店勘定と本店勘定の相殺消去

ⅳ 内部取引の相殺消去

ⅴ 内部利益の控除

第５節　外貨建取引の換算

（１）管理通貨制度と為替

今日、ビジネス活動で、企業が「貨幣」を取引や決済の手段として利用できるのは、管理通貨制度を通じて、国や経済圏の中央銀行が、域内の貨幣供給量と流通量を管理し、購買力と価値の安定化を図っているためである。

企業がビジネス活動をグローバルに展開する場合、かかる仕組みが前提となるため、取引や決済に合わせ、該当地域の管理通貨を、銀行や証券会社を通じて為替（証書で決済）により用意することとなる。

管理通貨を取引や決済の手段として利用する場合、最も問題となるのは、為替の交換レートが、管理通貨に対するニーズの多寡、政治的情勢、景況、等々から大きく影響を受け、日々変動することである。

為替レートの管理方法には、①変動を政府が管理し最小限に抑える固定相場制と、②変動を相場の需給にまかせる変動相場制があり、これら違いによっても、管理通貨の取引や決済の手段としての安定性は大きく異なるため、各企業には、かかる変動によって生じる企業財務への影響をいかにコントロールするか、という課題が課されることになる。

（2）為替換算会計の必要性

グローバルな取引や決済において、自国と異なる管理通貨を用いた場合、利用した通貨の単位を自国の通貨単位へと換算する必要が生じる。

換算は、本質的に、機械的に別の単位で置き換える作業である。しかし、企業会計制度の場合、財務諸表を定期的に公表する必要があるため、少し複雑な問題が生じることとなる。

ひとつは、相場の変動と換算の問題である。取引とその決済は、通常、会計期間中に行われるが、実際にそれらを財務諸表に表現するのは、期末である。為替相場は日々変動する性質を持つため、どの時点の為替レートによって換算を行うかが問題となる。

もうひとつは、為替差損益と評価損益の関係に関わる問題である。取引には、取引時、期末時、決済時、という３つの時点が存在するが、各々をどの為替レートで換算するかによって、為替による換算差損益の問題の他、評価問題も関わることになる。この場合、取引自体により損益が生じないケースでも、換算方法次第では換算差損益が生じることも考えられる。

こうした問題を含めて、様々な外貨建取引をどのように認識・測定し、記録・計算を行い、どのように財務諸表に表現すべきか、というテーマを考察するのが為替換算会計である。

（3）外貨換算の会計処理

外貨建取引（国内企業が国外企業等と輸出入取引を行い現地の通貨を用いて取引した場合）、在外支店・子会社による国外取引（企業が国外の支店や子会社を通じて国外での取引を行った場合）、為替予約等の場合は外貨換算が必要となる。

為替換算法には、流動・非流動法、貨幣・非貨幣法、テンポラル法、決算日レート法等があるが、現在は、取引時と決済を別の取引と捉える二取引基準を採用し、次のように処理を行なっている。

【外貨建取引の会計処理】

取引発生時：発生時の為替レート

決済時　　：決済時の為替レート

期末評価

原則：貨幣項目は期末時のレート、非貨幣項目は発生時の為替レート

有価証券	売買目的有価証券	時価（外貨）	×期末時の為替レート
	満期保有目的債権	償却原価（外貨）	×期末時の為替レート
	子会社・関係会社株式	取得原価	×発生時の為替レート
	その他有価証券	時価（外貨）	×期末時の為替レート
	減損処理されたもの	時価（外貨）or実質価額	×期末時の為替レート

なお、輸出入時の前渡金・前払金は、支払時・受取時の為替レートで、同様に、輸出入時の買掛金・売掛金は輸出入時の為替レートで処理する。

例　国外の会社に商品を掛販売した場合は次のように処理される。

【商品販売時：発生時の為替レート】

（借方）	売掛金	××	（貸方）	売　上	××

【期末の決算時（円高傾向の場合）：期末時の為替レート】

（借方）	為替差損益	××	（貸方）	売掛金	××

【決済時（さらに円高傾向の場合）：決済時の為替レート】

（借方）	当座預金	××	（貸方）	売掛金	××
	為替差損益	××			

通常の外貨建取引の他、企業は、外貨建金銭債権・債務に対する為替レートの変動を中和化する為替ヘッジ等のため、為替予約を行い、外国為替業務を扱う銀行と、将来の交換時に適用する為替レートを前もって契約することがあ

る。

為替予約には、基本的に2つの処理方法がある。独立処理は、ヘッジの対象と為替予約を、それぞれ独立した取引と捉えて処理する方法であり、振当処理は、両者を一体と考えて処理を行う方法である。

第6節　財務諸表の作成

（1）財務諸表作成の手順

決算本手続きが終わると、財務諸表を作成する（preparing Financial Statements）。

複式簿記における財務諸表の作成は、基本的に次の手順によって行われる。

【フローのデータに基づく損益計算書の作成】

損益勘定には、収益および費用の各勘定の残高が集約され当期純利益の金額が表示されており、これに基づいて損益計算書を作成する。この際、損益勘定に繰越利益剰余金（個人企業は資本金）と記入されているデータを損益計算書上当期純利益と明示する。また、売上勘定は売上高と、仕入勘定は売上原価と表示する。これを示したのが図表12－5である。

図表12-5　損益勘定に基づく損益計算書の作成

(借方)	損	益	(貸方)
仕　　入	300	売　　上	600
広告宣伝費	200	受取手数料	300
支払利息	150		
繰越利益剰余金	250		
	900		900

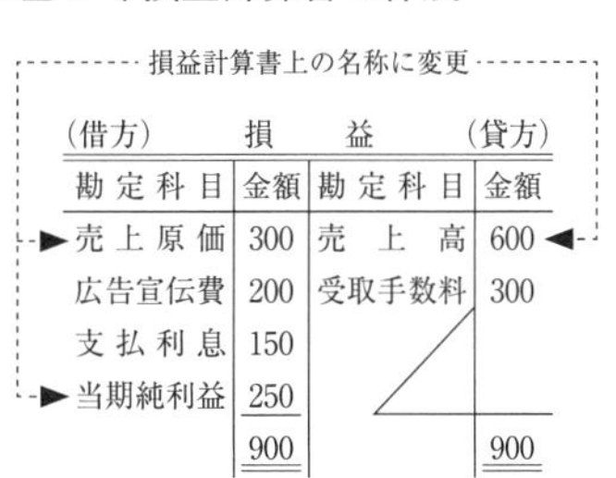

【ストックのデータに基づく貸借対照表の作成】

大陸式の場合、資産・負債・純資産の各勘定の残高が残高勘定に集計されているので、これをもとに貸借対照表を作成する。英米式の場合には、資産・負債・純資産の各勘定残高を繰越試算表に集約し、これを基礎に作成する。

この際、繰越商品は商品と示し、期末の資本金勘定からは当期純利益を分けて表示する（図表12－6）。

なお、貸倒引当金や減価償却累計額などの評価勘定は、各資産から控除する方式で示す。

図表12-6　残高または繰越試算表からの貸借対照表の作成

残　高

現　金	650	借入金	400
売掛金	250	資本金	1000
繰越商品	100	繰越利益剰余金	250
土　地	650		
	1650		1650

貸借対照表
○1年3月31日

資　産	金額	負債および純資産	金額
現　金	650	借入金	400
売掛金	250	資本金	1000
商　品	100	繰越利益剰余金	250
土　地	650		
	1650		1650

繰越試算表

650	現　金	
250	売掛金	
100	繰越商品	
650	土　地	
	借入金	400
	資本金	1000
	繰越利益剰余金	250
1650		1650

（2）公開財務諸表

今日、日本の企業会計制度では、支配力基準で捉えた企業グループの姿が個別財務諸表に基づき作成された連結財務諸表により、ディスクロージャー制度を通じて、多様なステークホルダーに対して広く公開されている。

公開財務諸表の様式や内容は、慣習規範たる会計基準（企業会計審議会の企業会計原則や各種意見書等、企業会計委員会の企業会計基準等々から成る会計基準体系)、法規範である会社法（商法や会社法の会計規定の他、会社計算規則等の各種の政令・省令・府令等)、および、金融商品取引法（金融商品取引法の会計規定の他、財務諸表等規則等の各種の政令・省令・府令等）の諸規定に基づいている。

【貸借対照表の表示区分】

図表12－7は、制度上の貸借対照表（勘定式）の基本構成を個別財務諸表と連結財務諸表について示したものである。

図表12-7　制度上の個別貸借対照表（勘定式）の基本構成（例）

貸借対照表
×1年3月31日

借方	貸方
流動資産	**流動負債**
現金預金	買 入 債 務
売上債権	短期借入金
契約資産	契 約 負 債…
有価証券…	**固定負債**
商品及び製品	社　　債
仕掛品	リース債務
原材料及び貯蔵品	退職給付引当金…
その他の流動資産	株主資本
固定資産	資本金
有形固定資産	資本準備金
無形固定資産	その他の資本剰余金
投資その他の資産	利益準備金
	任意積立金
	繰越利益剰余金
繰延資産	自己株式
株式交付費	評価換算差額
社債発行費	株式引受権
開　発　費	新株予約権

連結貸借対照表
×1年3月31日

借方	貸方
流動資産	**流動負債**
現金預金	買 入 債 務
売上債権	短期借入金
契約資産	契 約 負 債…
有価証券…	**固定負債**
商品及び製品	社　　債
仕掛品	リース債務
原材料及び貯蔵品	退職給付に係る負債…
その他の流動資産	株主資本
固定資産	資本金
有形固定資産	資本剰余金
無形固定資産	利益準備金
のれん…	自己株式
投資その他の資産	その他包括利益累計額
繰延資産	その他有価証券評価差額金
株式交付費	退職給付に係る調整累計額
社債発行費	新株予約権
開　発　費	非支配株主持分

制度上の財務諸表の貸借対照表の表示区分は、個別も連結も共に、資産と負債には流動・固定分類が採られており、その上で、繰延資産の区分を示すことが認められている。

純資産は、株主資本（拠出額を源泉とする拠出資本、利益を源泉とする稼得資本等）と、評価換算差額、株式引受権等から構成されている点は、個別・連結、共に大きな違いはないが、利益概念の広狭や、被連結会社における非支配株主の存在等の違いによって、表示の仕方が異なる。

連結の場合、包括利益概念を採用しているため、評価換算差額は広義の稼得利益概念としてその他の包括利益が表示される。一方、個別では、評価換算差額は株主資本には含められず、現状を示すスナップ・ショットとしての表示に留められている。また、個別ではオフ・バランスの処理が行われていた、退職給付制度の過去勤務債務や数理計算上の差異等による退職給付制度の積立不足が、退職給付に係る負債として明示される。

【損益計算書の表示区分】

図表12－8は、制度上の損益計算書（勘定式）の基本構成を、個別財務諸表と連結財務諸表について示したものである。

制度上の報告式損益計算書には、連結と個別のいずれにおいても、①営業収益（売上高）と営業費用（売上原価、販売費及び一般管理費）に基づいて行われる営業損益計算の領域、②営業外収益（受取利息や受取配当金等）と営業外費用（支払利息等）に基づいて算定される営業外損益を①に加減して求める経常損益の計算領域、また、③特別利益（有形固定資産売却益等）と特別損失（有形固定資産売却損等）に基づいて算定される特別損益を、②に加減して求める純損益計算の領域がある。このうち、③に関しては、計算の過程に関わる税コスト負担について調整を行う税効果会計も行われている。

個別と連結で異なるのは、個別では、税引前当期純利益と表示されるのに対し、税金等調整前当期純利益とされること、当期純利益について親会社に帰属する分と非支配株主に帰属する分を区別して表示していること、通常の当期純利益計算に続き連結包括利益を計算する必要があり、これに関しても、親会社に係る包括利益と、非支配株主に係る包括利益を、分けて表示しなければならないこと、である。

図表12-8　報告式損益計算書

損益計算書

純損益計算 ／ 経常損益計算 ／ 営業損益計算	Ⅰ	売上高	×××
	Ⅱ	売上原価	×××
		売上総利益	×××
	Ⅲ	販売費および一般管理費	×××
		営業利益	×××
	Ⅳ	営業外収益	×××
	Ⅴ	営業外費用	×××
		経常利益	×××
	Ⅵ	特別利益	×××
	Ⅶ	特別損失	×××
		税引前当期純利益	×××
税効果会計		法人税、住民税及び事業税	×××
		法人税等調整額	×××
		当期純利益	×××

連結損益計算書

Ⅰ	売上高	×××
Ⅱ	売上原価	×××
	売上総利益	×××
Ⅲ	販売費および一般管理費	×××
	営業利益	×××
Ⅳ	営業外収益	×××
Ⅴ	営業外費用	×××
	経常利益	×××
Ⅵ	特別利益	×××
Ⅶ	特別損失	×××
	税引等調整前当期純利益	×××
	法人税、住民税及び事業税	×××
	法人税等調整額	×××
	当期純利益	×××
	非支配株主に帰属する当期純利益	×××
	親会社株主に帰属する当期純利益	×××

連結包括利益計算書

当期純利益	×××
その他の包括利益	
その他有価証券評価差額金	×××
為替換算調整勘定	×××
その他の包括利益合計	×××
包括利益	×××
親会社株主に係る包括利益	×××
非支配株主に係る包括利益	×××

～～～　IFRSの財務諸表　～～～～～～～～～～～～～～～～～～～～～～～～

日本でも連結財務諸表に対し任意適用が認められるIFRSでは、財政状態を財政状態計算書（Statement of financial position）で開示することが規定される。ただし、実質的に貸借対照表と同じ内容となるため、慣習通りに貸借対照表と呼ぶことも可能である。

IFRSの表示区分については、日本の現行制度と異なり、資産と負債に流動・非流動分類が採用されており、繰延資産は認められていない。

また、純資産は、資本概念と一致するという会計思考に基づいて規定されるため、親会社に帰属する持分（株主資本、資本剰余金、自己株式、利益剰余金、その他の資本の構成要素）と、非支配株主持分から構成されている。

一方、IFRSの損益計算書の様式では、営業損益計算の対象領域が日本基準より広く、営業損益に加減を行う項目も金融収益・費用のみとされている。そのため、その他の営業外収益・費用や特別損益項目は広範な営業損益計算に算入され、日本基準のような段階的利益計算も行われない。

包括利益の表示についても、二計算書方式と一計算書方式が認められており、いずれの場合も、当期純利益・包括利益ともに、親会社株主に帰属する利益と、非支配株主に帰属する利益額に分け表示がなされる。

このように、近年のグローバル化への対応から、日本基準とIFRSの差異は少なくなってきているが、注意が必要なのは、その他の包括利益に関わる項目に関する会計処理の違いである。日本では、組換調整（リサイクリング）を行って、純利益計算と包括利益計算との整合性を保つ会計思考が採用される。しかし、IFRSでは基本的にこの組換調整を行わない。こうした違いが、今後、制度にどのように関わってくるのかを注視する必要があるだろう。

〜〜

（3）連結財務諸表の作成

連結財務諸表は、支配従属関係にある企業から構成される企業グループをひとつの組織とみなして、グループ全体に係る会計情報を開示させるため、親会社に対して作成の義務が課されている財務諸表である。

【連結財務諸表】

連結貸借対照表
連結損益及び包括利益計算書
（連結損益計算書及び連結包括利益計算書）
連結株主資本等変動計算書
連結キャッシュフロー計算書

基本的に、親会社と子会社の会計データを合算するという作業がその基本となるが、帳簿レベルでの合算は行わず、毎期末において、親会社と子会社、それぞれの修正後の個別財務諸表を合算し、必要となる連結修正仕訳を行うことで連結財務諸表が作成されることになる。

このような作成の方法を採用していることから、作成に際し、次のように幾つか注意すべき点が存在している。

・個別財務諸表を基礎として、これを合算して求めるため、これが正しく作成されていないと正確な連結財務諸表は作成されない。
・個別財務諸表と連結財務諸表とで扱いが異なる連単分離項目（退職給付等）は、連結に際し適宜修正が必要となる。
・帳簿レベルの合算を行わないため、毎年度、連結財務諸表の作成時には、連結開始日以降の状態を開始仕訳によって復元し反映する必要がある。
・親会社・子会社の財務諸表には、相互に関係する取引や項目が存在するため、それらを適宜修正する必要がある。
・株式の100％を保有していない子会社を連結する場合は、親会社の他に非支配株主が存在するので、その子会社の成果を連結する際には、当該非支配株主に属する分を別に示す必要がある。

連結財務諸表の作成方法の概要は次のとおりである。

【連結貸借対照表の作成】

連結貸借対照表は、親会社と子会社、それぞれの個別貸借対照表を合算し、必要な連結修正仕訳を加えることで作成される。

①投資と資本の相殺消去

最初に行うのは、支配獲得日における、子会社の純資産の株主資本（資本）と、それに対応する株式（投資）との相殺消去である。基本的に、子会社の資本項目は発行済みの株式に対応するので、親会社の支配状況（非支配株主の割合）に応じて、同社株式との相殺消去を行う。

図表12-9　投資と資本の相殺消去の視点

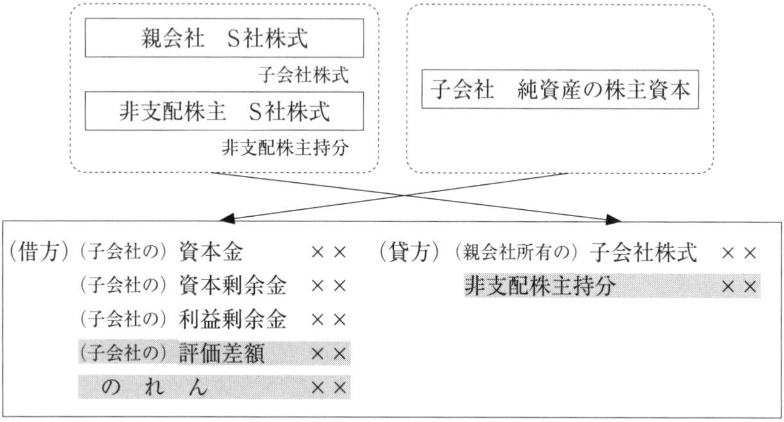

親会社　S社株式

子会社株式

非支配株主　S社株式

非支配株主持分

子会社　純資産の株主資本

(借方)			(貸方)		
(子会社の)	資本金	××	(親会社所有の)	子会社株式	××
(子会社の)	資本剰余金	××		非支配株主持分	××
(子会社の)	利益剰余金	××			
(子会社の)	評価差額	××			
	の　れ　ん	××			

この際、子会社の資産・負債について、時価で評価して純資産（時価）を求める（全面時価評価法）ため、帳簿価額と異なる資産について、評価差額を計上する。その上で、子会社の支配獲得に際し純資産額（時価）を上回る金額で取得した場合には、のれん（下回る場合は負ののれん）を計上する。

資本連結の手続きには、段階的取得による支配、子会社株式の増資、子会社株式の売却、債務超過子会社の連結、等様々なケースが存在している。

②債権・債務の相殺消去

親会社・子会社の相互間で生じた債権・債務は、グループをひとつの組織として見ると、内部取引を行なったものと捉えることができる。そのため、連結財務諸表を作成する際には、これを相殺消去する必要がある。

例　親子会社相互間の商品の掛販売に伴い売掛金と買掛金が生じた場合
（この際、当該売上債権に係る貸倒引当金の修正も必要となる）

（借方）	買掛金	××	（貸方）	売掛金	××
	貸倒引当金	××		貸倒引当金繰入	××

例　親子会社相互間の土地の売買に伴い手形債権・手形債務が生じた場合

（借方）	営業外支払手形	××	（貸方）	営業外受取手形	××

例　親子会社相互間の土地の売買の際、支払いを後日とした場合

（借方）	未払金	××	（貸方）	未収入金	××

例　親子会社相互間で資金の貸し借りを行った場合
（貸借に伴い利息の授受があるので、見越し繰延べも含め修正が必要となる）

（借方）	借入金	××	（貸方）	貸付金	××
	受取利息	××		支払利息	××
	未払利息	××		未収利息	××

例　子会社が配当を行い、親会社が配当金を受け取った場合
（非支配株主に支払われている配当を表示する必要がある）

（借方）	受取配当金	××	（貸方）	配当金	××
	非支配株主持分	××			

【連結損益計算書の作成】

連結損益計算書も、親会社と子会社の損益計算書を合算した後に、必要な連結修正仕訳を行うことによって作成される（税効果会計も適用される）。

①親会社・子会社相互間の取引高の消去

親会社・子会社相互間で行われた販売活動その他の取引は、グループ内部の取引とみなすことができるので、消去の対象となる。

（親子会社相互間での資金の貸借の際に授受した利息の修正、親会社に対する配当等、既に前述の債権・債務の相殺消去で説明しているものは省略する。）

例　親子会社相互間の商品販売時に計上した売上高と売上原価を消去する場合

（借方）	売上高	××	（貸方）	売上原価	××

②親会社・子会社相互間の未実現利益の消去

棚卸資産、土地、備品等の親子会社間の売買には、２つのケースがある。

ダウンストリーム：親会社が持つ資産を子会社に販売するケース
アップストリーム：子会社が持つ資産を親会社に販売するケース

いずれも、グループでは内部取引であるため、消去すべき未実現利益が生じる。①の場合、親会社側に生じる未実現利益を処理するだけで良い。しかし、②の場合、親会社の他に非支配株主が関わっているため、子会社に生じる未実現利益の扱いが問題となる。理論的には、次の３つがあるが、会計基準では、経済的単一説との首尾一貫性を重視してｂを採用している。

アップストリームの際の未実現利益の消去方法

a 子会社の未実現利益の全額を親会社の負担で消去する方法

b 子会社の未実現利益を親会社・非支配株主間の按分負担で消去する方法

c 子会社の未実現利益のうち親会社の持分に相当する分を消去する方法

例　棚卸資産（期末商品）に含まれる未実現利益の消去の仕訳例

ダウンストリームの場合

（借方）	売上原価	××	（貸方）	繰越商品	××

アップストリームの場合

（借方）	売上原価	××	（貸方）	繰越商品	××
	非支配株主持分当期変動額	××		非支配株主に帰属する当期純利益	××

演習問題と解答

第1講　問　題

【問1】 次の文章の（　）に適切な語を下記の語群から選び記入しなさい（重複可）。

①企業は、元手となる（　　　）や労働力等の様々な（　　　）を調達しビジネス活動を営む。経営資源が調達されると、企業はこれを用いて多様なビジネス活動を行う。この際、企業経営者は、経営を（　　　）あるいは効率的に行うための判断材料を必要とする。利害関係者も同様に、既存の利害関係を継続するか否か、新たな利害関係を構築するか否か等の経済的意思決定に関わる判断の（　　　）や材料を必要とする。

【語群】指標、貸付金、資本金、経営成績、経営資源、抽象的、合理的、集合、割合

②「会計」は、企業等が行った（　　　　　）の顛末を、財務的な側面から明らかにし（　　　）を提供することで、多くの（　　　　）が有する関心に応え、かかる関係を支援する役割を担っている。（　　　）は、この会計の基盤となる技術と思考を提供する。すなわち、ビジネス活動を（　　　）で捉えてこれを描写し、一定の（　　）と技法に基づいて帳票に記録する。そして、（　　　　　）の（　　）を要約した会計情報を作成し、そこで明らかになった（　　　）と（　　　）等の情報を、利害関係者に報告（伝達）することで、彼らの（　　　　　）に対し判断指標を提供する。

【語群】経営理念、ビジネス活動、利害関係者、思考、倫理、秩序、顛末、複式簿記、
損益計算、経済的意思決定、財産管理、会計情報、定性的情報、貨幣数値

③簿記一巡のプロセスには、（　　　）の記帳業務と（　　　）手続きの2つの手続きがある。（　　　）の記帳業務では、ビジネス活動を会計上の（　　　）という概念で捉え、これを（　　　）して（　　　）に記帳することで（　　　）のデータベースを構築し、さらに、そのデータを（　　　）によって（　　　　）にも記帳することで（　　）ごとのデータベースを構築する。これに対して、決算の手続きは（　　　）に行われる。この記帳プロセスの全ての基礎となる計算単位は（　　　）であり、その記入は（　　　　）に基づいて行われている。

【語群】日常、臨時、定期、合算、計算、決算、引き取り、取引、取り扱い、仕訳、
日付順、会計、勘定、勘定記入法、先入先出法、転出、転記、総勘定元帳、
現金出納帳、仕訳帳、商品有高帳、期首、期中、期末

第1講　解　答

【問1】次の文章の（　　）に適切な語を下記の語群から選び記入しなさい（重複可）。

①企業は、元手となる（資本金）や労働力等の様々な（経営資源）を調達しビジネス活動を営む。経営資源が調達されると、企業はこれを用いて多様なビジネス活動を行う。この際、企業経営者は、経営を（合理的）あるいは効率的に行うための判断材料を必要とする。利害関係者も同様に、既存の利害関係を継続するか否か、新たな利害関係を構築するか否か等の経済的意思決定に関わる判断の（指標）や材料を必要とする。

【語群】指標、貸付金、資本金、経営成績、経営資源、抽象的、合理的、集合、割合

②「会計」は、企業等が行った（ビジネス活動）の顚末を、財務的な側面から明らかにし（会計情報）を提供することで、多くの（利害関係者）が有する関心に応え、かかる関係を支援する役割を担っている。（複式簿記）は、この会計の基盤となる技術と思考を提供する。すなわち、ビジネス活動を（貨幣数値）で捉えてこれを描写し、一定の（秩序）と技法に基づいて帳票に記録する。そして、（ビジネス活動）の（顚末）を要約した会計情報を作成し、そこで明らかになった（財産管理）と（損益計算）等の情報を、利害関係者に報告（伝達）することで、彼らの（経済的意思決定）に対し判断指標を提供する。

【語群】経営理念、ビジネス活動、利害関係者、思考、倫理、秩序、顚末、複式簿記、
損益計算、経済的意思決定、財産管理、会計情報、定性的情報、貨幣数値

③簿記一巡のプロセスには、（日常）の記帳業務と（決算）手続きの２つの手続きがある。（日常）の記帳業務では、ビジネス活動を会計上の（取引）という概念で捉え、これを（仕訳）して（仕訳帳）に記帳することで（日付順）のデータベースを構築し、さらに、そのデータを（転記）によって（総勘定元帳）にも記帳することで（勘定）ごとのデータベースを構築する。これに対して、決算の手続きは（期末）に行われる。この記帳プロセスの全ての基礎となる計算単位は（勘定）であり、その記入は（勘定記入法）に基づいて行われている。

【語群】日常、臨時、定期、合算、計算、決算、引き取り、取引、取り扱い、仕訳、
日付順、会計、勘定、勘定記入法、先入先出法、転出、転記、総勘定元帳、
現金出納帳、仕訳帳、商品有高帳、期首、期中、期末

第2講　問　題

【問2】以下の諸勘定を資産、負債、純資産、費用、収益に分類し、(　　) に記入しなさい。

①借入金 (　　　)	②支払利息 (　　　)	③資本金 (　　　)
④商品 (　　　)	⑤建物 (　　　)	⑥買掛金 (　　　)
⑦前払金 (　　　)	⑧水道光熱費 (　　　)	⑨備品 (　　　)
⑩給料 (　　　)	⑪現金 (　　　)	⑫前受金 (　　　)
⑬受取手形 (　　　)	⑭受取手数料 (　　　)	⑮受取利息 (　　　)
⑯支払手形 (　　　)	⑰旅費交通費 (　　　)	⑱土地 (　　　)
⑲広告宣伝費 (　　　)	⑳売掛金 (　　　)	

【問3】下記の資料から、運送業を営むオオタ商店の損益計算書（当期）と貸借対照表（期末）を作成しなさい.（会計期間は×1年4月1日から×2年3月31日）

〔資料〕

期首　現金50,000、売掛金40,000、土地200,000、
　　　買掛金30,000、借入金50,000、資本金200,000、繰越利益剰余金10,000

期末　現金60,000、売掛金60,000、土地200,000、
　　　買掛金50,000、借入金50,000、資本金200,000、繰越利益剰余金（　　　）

期中の費用および収益
　　　給料90,000、消耗品費60,000、支払家賃90,000、水道光熱費20,000
　　　売上200,000、受取手数料70,000

損益計算書

オオタ商店　　×1年4月1日から×2年3月31日

費用	金額	収益	金額

貸借対照表

オオタ商店　　×2年3月31日

資産	金額	負債および資本	金額

第2講 解 答

【問2】以下の諸勘定を資産、負債、純資産、費用、収益に分類し、(　　)に記入しなさい。

①借入金(負債) ②支払利息(費用) ③資本金(純資産)
④商品(資産) ⑤建物(資産) ⑥買掛金(負債)
⑦前払金(資産) ⑧水道光熱費(費用) ⑨備品(資産)
⑩給料(費用) ⑪現金(資産) ⑫前受金(負債)
⑬受取手形(資産) ⑭受取手数料(収益) ⑮受取利息(収益)
⑯支払手形(負債) ⑰旅費交通費(費用) ⑱土地(資産)
⑲広告宣伝費(費用) ⑳売掛金(資産)

【問3】下記の資料から、運送業を営むオオタ商店の損益計算書(当期)と貸借対照表(期末)を作成しなさい.(会計期間は×1年4月1日から×2年3月31日)

〔資料〕

期首　現金 50,000、売掛金 40,000、土地 200,000、
　　　買掛金 30,000、借入金 50,000、資本金 200,000、繰越利益剰余金 10,000

期末　現金 60,000、売掛金 60,000、土地 200,000、
　　　買掛金 50,000、借入金 50,000、資本金 200,000、繰越利益剰余金(　　)

期中の費用および収益
　　　給料 90,000、消耗品費 60,000、支払家賃 90,000、水道光熱費 20,000
　　　売上 200,000、受取手数料 70,000

損益計算書

オオタ商店　　×1年4月1日から×2年3月31日

費用	金額	収益	
給料	90,000	売上	200,000
消耗品費	60,000	受取手数料	70,000
支払家賃	90,000		
水道光熱費	20,000		
当期純利益	10,000		
	270,000		270,000

貸借対照表

オオタ商店　　×2年3月31日

資産	金額	負債および資本	金額
現金	60,000	買掛金	50,000
売掛金	60,000	借入金	50,000
土地	200,000	資本金	200,000
		繰越利益剰余金	20,000
	320,000		320,000

第3講　問　題　①

【問4】 次の各取引を仕訳しなさい。（商品売買取引は仕入勘定と売上勘定を用いること）

①　現金1,000を元入れして開業した。　（資金調達の活動）
（借）＿＿＿＿＿＿　－－－－－－　（貸）＿＿＿＿＿＿　－－－－－－

②　銀行より現金500を借り入れた。　（資金調達の活動）
（借）＿＿＿＿＿＿　－－－－－－　（貸）＿＿＿＿＿＿　－－－－－－

③　営業用の車両250を現金で購入した。　（投下運用の活動）
（借）＿＿＿＿＿＿　－－－－－－　（貸）＿＿＿＿＿＿　－－－－－－

④　通信料50を現金で支払った。　（投下運用の活動）
（借）＿＿＿＿＿＿　－－－－－－　（貸）＿＿＿＿＿＿　－－－－－－

⑤　事務所の家賃70を現金で支払った。　（投下運用の活動）
（借）＿＿＿＿＿＿　－－－－－－　（貸）＿＿＿＿＿＿　－－－－－－

⑥　宣伝のために広告を作成し、代金80を現金で支払った。　（投下運用の活動）
（借）＿＿＿＿＿＿　－－－－－－　（貸）＿＿＿＿＿＿　－－－－－－

⑦　仕入れを行い、代金300を現金で支払った。　（投下運用の活動）
（借）＿＿＿＿＿＿　－－－－－－　（貸）＿＿＿＿＿＿　－－－－－－

⑧　仕入れを行い、代金300を掛けとした。　（投下運用の活動）
（借）＿＿＿＿＿＿　－－－－－－　（貸）＿＿＿＿＿＿　－－－－－－

⑨　商品を売上げ、代金500を掛けとした。　（販売活動・資金回収）
（借）＿＿＿＿＿＿　－－－－－－　（貸）＿＿＿＿＿＿　－－－－－－

⑩　給料100を現金で支給した。　（投下運用の活動）
（借）＿＿＿＿＿＿　－－－－－－　（貸）＿＿＿＿＿＿　－－－－－－

⑪　⑨の掛け代金500を現金で回収した。　（販売活動・資金回収）
（借）＿＿＿＿＿＿　－－－－－－　（貸）＿＿＿＿＿＿　－－－－－－

⑫　業務管理のためにパソコンを購入し、代金150を現金で支払った。（投下運用の活動）
（借）＿＿＿＿＿＿　－－－－－－　（貸）＿＿＿＿＿＿　－－－－－－

⑬　⑧の掛け代金300を、現金で支払った。　（投下運用の活動）
（借）＿＿＿＿＿＿　－－－－－－　（貸）＿＿＿＿＿＿　－－－－－－

⑭　営業用車両の保険料50を現金で支払った。　（投下運用の活動）
（借）＿＿＿＿＿＿　－－－－－－　（貸）＿＿＿＿＿＿　－－－－－－

⑮　事務所の水道代30と電気代70を現金で支払った。　（投下運用の活動）
（借）＿＿＿＿＿＿　－－－－－－　（貸）＿＿＿＿＿＿　－－－－－－

⑯　借入金の利息20を現金で支払った。　（投下運用の活動）
（借）＿＿＿＿＿＿　－－－－－－　（貸）＿＿＿＿＿＿　－－－－－－

第3講 解 答 ①

【問4】次の各取引を仕訳しなさい。(商品売買取引は仕入勘定と売上勘定を用いること)

① 現金1,000を元入れして開業した。 (資金調達の活動)
(借) 現　　金　1,000　(貸) 資 本 金　1,000

② 銀行より現金500を借り入れた。 (資金調達の活動)
(借) 現　　金　500　(貸) 借 入 金　500

③ 営業用の車両250を現金で購入した。 (投下運用の活動)
(借) 車両運搬具　250　(貸) 現　　金　250

④ 通信料50を現金で支払った。 (投下運用の活動)
(借) 通 信 費　50　(貸) 現　　金　50

⑤ 事務所の家賃70を現金で支払った。 (投下運用の活動)
(借) 支払家賃　70　(貸) 現　　金　70

⑥ 宣伝のために広告を作成し、代金80を現金で支払った。 (投下運用の活動)
(借) 広告宣伝費　80　(貸) 現　　金　80

⑦ 仕入れを行い、代金300を現金で支払った。 (投下運用の活動)
(借) 仕　　入　300　(貸) 現　　金　300

⑧ 仕入れを行い、代金300を掛けとした。 (投下運用の活動)
(借) 仕　　入　300　(貸) 買 掛 金　300

⑨ 商品を売上げ、代金500を掛けとした。 (販売活動・資金回収)
(借) 売 掛 金　500　(貸) 売　　上　500

⑩ 給料100を現金で支給した。 (投下運用の活動)
(借) 給　　料　100　(貸) 現　　金　100

⑪ ⑨の掛け代金500を現金で回収した。 (販売活動・資金回収)
(借) 現　　金　500　(貸) 売 掛 金　500

⑫ 業務管理のためにパソコンを購入し、代金150を現金で支払った。(投下運用の活動)
(借) 備　　品　150　(貸) 現　　金　150

⑬ ⑧の掛け代金300を、現金で支払った。 (投下運用の活動)
(借) 買 掛 金　300　(貸) 現　　金　300

⑭ 営業用車両の保険料50を現金で支払った。 (投下運用の活動)
(借) 支払保険料　50　(貸) 現　　金　50

⑮ 事務所の水道代30と電気代70を現金で支払った。 (投下運用の活動)
(借) 水道光熱費　100　(貸) 現　　金　100

⑯ 借入金の利息20を現金で支払った。 (投下運用の活動)
(借) 支払利息　20　(貸) 現　　金　20

第3講　問　題　②

【問5】 次の連続する個人企業の取引を仕訳し、各勘定口座に転記しなさい（日付欄には番号を記入）。

① 店主が現金 2,000 を元入れして開業した。　（資金調達の活動）
（借）＿＿＿＿＿＿　－－－－－－　（貸）＿＿＿＿＿＿　－－－－－－

② 銀行から現金 500 を借り入れた。　（資金調達の活動）
（借）＿＿＿＿＿＿　－－－－－－　（貸）＿＿＿＿＿＿　－－－－－－

③ 営業用の車両を購入し、代金 300 を現金で支払った。　（投下運用の活動）
（借）＿＿＿＿＿＿　－－－－－－　（貸）＿＿＿＿＿＿　－－－－－－

④ 商品を仕入れ、代金 300 は掛けとした。　（投下運用の活動）
（借）＿＿＿＿＿＿　－－－－－－　（貸）＿＿＿＿＿＿　－－－－－－

⑤ 商品を販売し、代金 500 は掛けとした。　（販売活動・資金回収）
（借）＿＿＿＿＿＿　－－－－－－　（貸）＿＿＿＿＿＿　－－－－－－

⑥ 営業用の車両を修理し、代金 150 を現金で支払った。　（投下運用の活動）
（借）＿＿＿＿＿＿　－－－－－－　（貸）＿＿＿＿＿＿　－－－－－－

⑦ 買掛金 100 について現金で支払った。　（投下運用の活動）
（借）＿＿＿＿＿＿　－－－－－－　（貸）＿＿＿＿＿＿　－－－－－－

⑧ 売掛金 400 について現金で回収した。　（販売活動・資金回収）
（借）＿＿＿＿＿＿　－－－－－－　（貸）＿＿＿＿＿＿　－－－－－－

⑨ 買掛金 200 について現金で支払った。　（投下運用の活動）
（借）＿＿＿＿＿＿　－－－－－－　（貸）＿＿＿＿＿＿　－－－－－－

⑩ 商品を販売し、代金 200 は現金とした。　（販売活動・資金回収）
（借）＿＿＿＿＿＿　－－－－－－　（貸）＿＿＿＿＿＿　－－－－－－

現　金

売掛金

車両運搬具

仕　入

修繕費

借入金

買掛金

資本金

売　上

第3講　解　答　②

【問5】 次の連続する個人企業の取引を仕訳し、各勘定口座に転記しなさい（日付欄には番号を記入）。

① 店主が現金2,000を元入れして開業した。（資金調達の活動）

(借) 現　金　2,000　(貸) 資本金　2,000

② 銀行から現金500を借り入れた。（資金調達の活動）

(借) 現　金　500　(貸) 借入金　500

③ 営業用の車両を購入し、代金300を現金で支払った。（投下運用の活動）

(借) 車両運搬具　300　(貸) 現　金　300

④ 商品を仕入れ、代金300は掛けとした。（投下運用の活動）

(借) 仕　入　300　(貸) 買掛金　300

⑤ 商品を販売し、代金500は掛けとした。（販売活動・資金回収）

(借) 売掛金　500　(貸) 売　上　500

⑥ 営業用の車両を修理し、代金150を現金で支払った。（投下運用の活動）

(借) 修繕費　150　(貸) 現　金　150

⑦ 買掛金100について現金で支払った。（投下運用の活動）

(借) 買掛金　100　(貸) 現　金　100

⑧ 売掛金400について現金で回収した。（販売活動・資金回収）

(借) 現　金　400　(貸) 売掛金　400

⑨ 買掛金200について現金で支払った。（投下運用の活動）

(借) 買掛金　200　(貸) 現　金　200

⑩ 商品を販売し、代金200は現金とした。（販売活動・資金回収）

(借) 現　金　200　(貸) 売　上　200

現　金

① 資本金	2,000	③ 車両運搬具	300
② 借入金	500	⑥ 修繕費	150
⑧ 売掛金	400	⑦ 買掛金	100
⑩ 売　上	200	⑨ 買掛金	200

売掛金

⑤ 売　上	500	⑧ 現　金	400

車両運搬具

③ 現　金	300		

仕　入

④ 買掛金	300		

修繕費

⑥ 現　金	150		

借入金

		② 現　金	500

買掛金

⑦ 現　金	100	④ 仕　入	300
⑨ 現　金	200		

資本金

		① 現　金	2,000

売　上

		⑤ 売掛金	500
		⑩ 現　金	200

第4講　問　題　①

【問6】 問5の各勘定のデータに基づき、合計残高試算表と6桁精算表を作成しなさい。

合計残高試算表

〇〇年〇月〇日

借方		勘定科目	貸方	
残　高	合　計		合　計	残　高

精　算　表

〇〇年〇月〇日

勘定科目	残高試算表		損益計算書		貸借対照表	
	借　方	貸　方	借　方	貸　方	借　方	貸　方

第4講　解　答　①

【問6】問5の各勘定のデータに基づき、合計残高試算表と6桁精算表を作成しなさい。

合計残高試算表
○○年○月○日

借方 残高	借方 合計	勘定科目	貸方 合計	貸方 残高
2,350	3,100	現金	750	
100	500	売掛金	400	
300	300	車両運搬具		
		借入金	500	500
	300	買掛金	300	
		資本金	2,000	2,000
		売上	700	700
300	300	仕入		
150	150	修繕費		
3,200	4,650		4,650	3,200

精算表
○○年○月○日

勘定科目	残高試算表		損益計算書		貸借対照表	
	借方	貸方	借方	貸方	借方	貸方
現金	2,350				2,350	
売掛金	100				100	
車両運搬具	300				300	
借入金		500				500
資本金		2,000				2,000
売上		700		700		
仕入	300		300			
修繕費	150		150			
当期純利益			250			250
	3,200	3,200	700	700	2,750	2,750

第4講　問　題　②

【問7】次の資料に基づいて、下記の精算表を作成しなさい。
なお、(　)に入る用語または数字については各自考えること。

〔資　料〕

合計試算表

年12月31日

借　方	勘定科目	貸　方
1,500	現　　　金	1,000
1,300	普通預金	650
450	売　掛　金	300
300	車両運搬具	0
(　)	買　掛　金	(　)
	借　入　金	500
	資　本　金	(　)
	売　　　上	750
250	仕　　　入	
150	給　　　料	
(　)	広告宣伝費	
100	支払家賃	
30	水道光熱費	
50	消耗品費	

左記の合計試算表には、当社が会計期間に行った取引が反映されている。

(　)に関わる当期の取引は次の通り。
①広告宣伝を依頼し、代金70を支払っている。
②当期の掛仕入額は、全部で250あったが、当期中に全額を現金で支払っている。
③資本金は当初のままである。
④当期純利益は各自計算すること。

精　算　表

年　月　日

勘定科目	残高試算表		損益計算書		貸借対照表	
	借　方	貸　方	借　方	貸　方	借　方	貸　方
現　　金						
普通預金						
売　掛　金						
車両運搬具						
借　入　金						
資　本　金						
売　　上						
仕　　入						
給　　料						
広告宣伝費						
支払家賃						
水道光熱費						
消耗品費						
当期純(　)						

第4講　解　答　②

【問７】次の資料に基づいて、下記の精算表を作成しなさい。
なお、(　)に入る用語または数字については各自考えること。

〔資　料〕

合計試算表

年12月31日

借　方	勘定科目	貸　方
1,500	現　　　金	1,000
1,300	普通預金	650
450	売　掛　金	300
300	車両運搬具	0
250	買　掛　金	250
	借　入　金	500
	資　本　金	1,000
	売　　　上	750
250	仕　　　入	
150	給　　　料	
70	広告宣伝費	
100	支払家賃	
30	水道光熱費	
50	消耗品費	
4,450		4,450

左記の合計試算表には、当社が会計期間に行った取引が反映されている。

(　)に関わる当期の取引は次の通り
①広告宣伝を依頼し、代金70を支払っている。
②当期の掛仕入額は、全部で250あったが、当期中に全額を現金で支払っている。
③資本金は当初のままである。
④当期純利益は各自計算すること。

精　算　表

年　月　日

勘定科目	残高試算表		損益計算書		貸借対照表	
	借　方	貸　方	借　方	貸　方	借　方	貸　方
現　　金	500				500	
普通預金	650				650	
売　掛　金	150				150	
車両運搬具	300				300	
借　入　金		500				500
資　本　金		1,000				1,000
売　　上		750		750		
仕　　入	250		250			
給　　料	150		150			
広告宣伝費	70		70			
支払家賃	100		100			
水道光熱費	30		30			
消耗品費	50		50			
当期純利益			100			100
	2,250	2,250	750	750	1,600	1,600

第5講　問　題　①

【問8】 次の①から④の一連の取引を仕訳し、現金出納帳に記入しなさい。

① 6月5日、オオタ機材から商品を仕入れ、代金50を現金で支払った。
（借）＿＿＿＿＿＿　－－－－－－　（貸）＿＿＿＿＿＿　－－－－－－
② 10日、バンバ工業に対する売掛金60を同社振り出しの小切手で回収した。
（借）＿＿＿＿＿＿　－－－－－－　（貸）＿＿＿＿＿＿　－－－－－－
③ 16日、カタノ製粉から30の配当金領収証が送られてきた。
（借）＿＿＿＿＿＿　－－－－－－　（貸）＿＿＿＿＿＿　－－－－－－
④ 22日、クロサワ家具から備品100を購入した。
（借）＿＿＿＿＿＿　－－－－－－　（貸）＿＿＿＿＿＿　－－－－－－

現金出納帳

×年		摘　　要	収　入	支　出	残　高
6	1	前月繰越	175		175

【問9】 次の①から⑤の一連の取引について記帳しなさい。

① 現金の実際有高が帳簿残高より3,000不足していた。
（借）＿＿＿＿＿＿　－－－－－－　（貸）＿＿＿＿＿＿　－－－－－－
② 原因を調べたところ、3,000は通信料支払分の記入漏れであることが判明した。
（借）＿＿＿＿＿＿　－－－－－－　（貸）＿＿＿＿＿＿　－－－－－－
③ 原因を調べたところ、4,000は交通費支払分の記入漏れであることが判明した。
（借）＿＿＿＿＿＿　－－－－－－　（貸）＿＿＿＿＿＿　－－－－－－
④ 原因を調べたところ、5,000は地代受取分の記入漏れであることが判明した。
（借）＿＿＿＿＿＿　－－－－－－　（貸）＿＿＿＿＿＿　－－－－－－
⑤ その他は、決算日になっても原因が不明のままであった。
（借）＿＿＿＿＿＿　－－－－－－　（貸）＿＿＿＿＿＿　－－－－－－

第5講　解　答　①

【問8】次の①から④の一連の取引を仕訳し、現金出納帳に記入しなさい。

① 6月5日、オオタ機材から商品を仕入れ、代金50を現金で支払った。

(借) 仕　入　50　(貸) 現　金　50

② 10日、バンバ工業に対する売掛金60を同社振り出しの小切手で回収した。

(借) 現　金　60　(貸) 売 掛 金　60

③ 16日、カタノ製粉から30の配当金領収証が送られてきた。

(借) 現　金　30　(貸) 受取配当金　30

④ 22日、クロサワ家具から備品100を購入した。

(借) 備　品　100　(貸) 現　金　100

現金出納帳

×年		摘　要	収 入	支 出	残 高
6	1	前月繰越	175		175
	5	オオタ機材に仕入代金支払い		50	125
	10	バンバ工業から掛代金回収	60		185
	16	カタノ製粉から配当金受取	30		215
	22	クロサワ家具から備品購入		100	115
	30	次月繰越		115	
			265	265	
7	1	前月繰越	115		115

【問9】次の①から⑤の一連の取引について記帳しなさい。

① 現金の実際有高が帳簿残高より3,000不足していた。（帳簿現金勘定の残高金額修正）

(借) 現金過不足　3,000　(貸) 現　金　3,000

② 原因を調べたところ、3,000は通信料支払分の記入漏れであることが判明した。(判明)

(借) 通 信 費　3,000　(貸) 現金過不足　3,000

③ 原因を調べたところ、4,000は交通費支払分の記入漏れであることが判明した。(判明)

(借) 旅費交通費　4,000　(貸) 現金過不足　4,000

④ 原因を調べたところ、5,000は地代受取分の記入漏れであることが判明した。　(判明)

(借) 現金過不足　5,000　(貸) 受 取 地 代　5,000

⑤ その他は、決算日になっても原因が不明のままであった。　(不明)

(借) 雑　損　1,000　(貸) 現金過不足　1,000

*②から⑤をまとめて次のように仕訳する場合もある。要するに①で処理した現金過不足分を解消し、判明した原因分の計上を行い、差額分を雑損益で処理すれば良いのである。

(借) 通 信 費　3,000　(貸) 現金過不足　3,000　(①の解消)
　　 旅費交通費　4,000　(貸) 受 取 地 代　5,000　(判明計上)
(判明処理) 雑　損　1,000

第5講　問　題　②

【問 10】次の①から⑥の一連の取引を仕訳し、当座預金出納帳に記入しなさい。

① 6月1日、イイノ銀行と当座取引契約を締結し、現金 100 を預け入れた。
(借)________ .... (貸)________ ....

② 8日、ソメヤ商店から商品 50 を仕入れ、代金は小切手＃ 01 を振出して支払った。
(借)________ .... (貸)________ ....

③ 15日、アライ商店に商品を販売し、代金 60 を同店振出の小切手で受取り、ただちに当座預金に預け入れた。
(借)________ .... (貸)________ ....

④ 20日、買掛金 30 支払のため小切手＃ 02 を振出してタケダ商店に渡した。
(借)________ .... (貸)________ ....

⑤ 25日、ナカジマ自動車より業務用の車両を購入し、代金 100 を小切手＃ 03 を振出して支払った。なお、借越限度額 50 の当座借越契約を締結している。
(借)________ .... (貸)________ ....

⑥ 決算日に、当座預金の残高を適切な勘定に振り替えて処理した。
(借入金勘定は使わない方法で処理すること)
(借)________ .... (貸)________ ....

⑦ 翌期首に再振替仕訳を行なった。
(借)________ .... (貸)________ ....

当座預金出納帳

×年		摘　要	預　入	引　出	借/貸	残　高

【問 11】定額前渡制度を採用している。用度係から次のような支出報告があり、同額を小切手を振出して補給した。(支払報告：切手代 5,000、交通費 2,000、光熱費 3,000)
(借)________ .... (貸)________ ....
________ .... ________ ....
________ .... ________ ....
________ .... ________ ....

第5講　解　答　②

【問 10】次の①から⑥の一連の取引を仕訳し、当座預金出納帳に記入しなさい。

① 6月1日、イイノ銀行と当座取引契約を締結し、現金100を預け入れた。

(借) 当座預金　100　(貸) 現　金　100

② 8日、ソメヤ商店から商品50を仕入れ、代金は小切手＃01を振出して支払った。

(借) 仕　入　50　(貸) 当座預金　50

③ 15日、アライ商店に商品を販売し、代金60を同店振出の小切手で受取り、ただちに当座預金に預け入れた。

(借) 当座預金　60　(貸) 売　上　60

④ 20日、買掛金30支払のため小切手＃02を振出してタケダ商店に渡した。

(借) 買掛金　30　(貸) 当座預金　30

⑤ 25日、ナカジマ自動車より業務用の車両を購入し、代金100を小切手＃03を振出して支払った。なお、借越限度額50の当座借越契約を締結している。

(借) 車両運搬具　100　(貸) 当座預金　100

⑥ 決算日に、当座預金の残高を適切な勘定に振り替えて処理した。
(借入金勘定は使わない方法で処理すること)

(借) 当座預金　20　(貸) 当座借越　20

⑦ 翌期首に再振替仕訳を行なった。

(借) 当座借越　20　(貸) 当座預金　20

当座預金出納帳

×年		摘　要	預　入	引　出	借/貸	残　高
6	1	現金預け入れ	100		借	100
	8	ソメヤ商店へ仕入代金　小切手＃01振出		50	〃	50
	10	アライ商店から売上代金の受取り	60		〃	110
	20	タケダ商店へ買掛金支払い　小切手＃02振出		30	〃	80
	25	ナカジマ自動車へ車両代金　小切手＃03振出		100	貸	20
	30	次月繰越	20			
			180	180		
7	1	前月繰越		20	貸	20

【問 11】定額前渡制度を採用している。用度係から次のような支出報告があり、同額を小切手を振出して補給した。(支払報告：切手代5,000、交通費2,000、光熱費3,000)

(借)	通信費	5,000	(貸)	小口現金	10,000
	交通費	2,000			
	光熱費	3,000			
(借)	小口現金	10,000	(貸)	当座預金	10,000

借方貸方同額なので相殺する場合もある

第5講　問　題　③

【問 12】 次の各取引を仕訳しなさい。（商品売買取引は三分法による）

① かねてより取引銀行より借入れていた 219,000 が本日返済期限となり、利息とともに当座預金口座から返済した（借入条件：利率は年 4%、借入期間は 100 日）。
なお、利息は日割り計算とする。

（借）＿＿＿＿＿＿　------　（貸）＿＿＿＿＿＿　------

＿＿＿＿＿＿　------　＿＿＿＿＿＿　------

② 当月分の従業員にかかる雇用保険料 36,000 を一括で現金納付した。このうち従業員負担分 12,000 については、全額を毎月の給料からの差引き分として徴収している。

（借）＿＿＿＿＿＿　------　（貸）＿＿＿＿＿＿　------

＿＿＿＿＿＿　------　＿＿＿＿＿＿　------

③ 得意先の M 商店に対し、借用証書により 200,000 を、小切手を振出して貸し付けた。

（借）＿＿＿＿＿＿　------　（貸）＿＿＿＿＿＿　------

後日、貸付金の返済を受け、利息 10,000 とともに、M 商店振出しの小切手で受け取り、ただちに、当座預金に預け入れた。

（借）＿＿＿＿＿＿　------　（貸）＿＿＿＿＿＿　------

＿＿＿＿＿＿　------　＿＿＿＿＿＿　------

④ 従業員個人の生活用品の購入費用 50,000 を現金で支払った。

（借）＿＿＿＿＿＿　------　（貸）＿＿＿＿＿＿　------

従業員の給料 250,000 の支払いに際し、源泉徴収税 20,000 および立替払い分につき差引いて残額を現金で支給した。

（借）＿＿＿＿＿＿　------　（貸）＿＿＿＿＿＿　------

＿＿＿＿＿＿　------　＿＿＿＿＿＿　------

＿＿＿＿＿＿　------　＿＿＿＿＿＿　------

後日、納付期日に源泉所得税を納付した。

（借）＿＿＿＿＿＿　------　（貸）＿＿＿＿＿＿　------

⑤ 従業員の出張に際し、旅費の概算額 80,000 を現金で渡した。

（借）＿＿＿＿＿＿　------　（貸）＿＿＿＿＿＿　------

出張中の従業員より 250,000 が当座預金に振込まれたが、その詳細は不明である。

（借）＿＿＿＿＿＿　------　（貸）＿＿＿＿＿＿　------

出張より帰ってきた従業員 A より、先の入金が K 商店に対する売掛金の回収であるとの報告を受けた。また、旅費について清算を行い残額 3,000 を現金で受け取った。

（借）＿＿＿＿＿＿　------　（貸）＿＿＿＿＿＿　------

＿＿＿＿＿＿　------　＿＿＿＿＿＿　------

＿＿＿＿＿＿　------　＿＿＿＿＿＿　------

第5講　解　答　③

【問 12】次の各取引を仕訳しなさい。(商品売買取引は三分法による)

① かねてより取引銀行より借入れていた 219,000 が本日返済期限となり、利息とともに当座預金口座から返済した(借入条件:利率は年 4%、借入期間は 100 日)。
なお、利息は日割り計算とする。

	借方	金額		貸方	金額
(借)	借入金	219,000	(貸)	当座預金	221,400
	支払利息	2,400			

② 当月分の従業員にかかる雇用保険料 36,000 を一括で現金納付した。このうち従業員負担分 12,000 については、全額を毎月の給料からの差引き分として徴収している。

	借方	金額		貸方	金額
(借)	法定福利費	24,000	(貸)	現　金	36,000
	社会保険料預り金	12,000			

③ 得意先の M 商店に対し、借用証書により 200,000 を、小切手を振出して貸し付けた。

	借方	金額		貸方	金額
(借)	貸付金	200,000	(貸)	当座預金	200,000

後日、貸付金の返済を受け、利息 10,000 とともに、M 商店振出しの小切手で受け取り、ただちに、当座預金に預け入れた。

	借方	金額		貸方	金額
(借)	当座預金	210,000	(貸)	貸付金	200,000
				受取利息	10,000

④ 従業員個人の生活用品の購入費用 50,000 を現金で支払った。

	借方	金額		貸方	金額
(借)	立替金	50,000	(貸)	現　金	50,000

従業員の給料 250,000 の支払いに際し、源泉徴収税 20,000 および立替払い分につき差引いて残額を現金で支給した。

	借方	金額		貸方	金額
(借)	給　料	250,000	(貸)	立替金	50,000
				所得税預り金	20,000
				現　金	180,000

後日、納付期日に源泉所得税を現金で納付した。

	借方	金額		貸方	金額
(借)	所得税預り金	20,000	(貸)	現　金	20,000

⑤ 従業員の出張に際し、旅費の概算額 80,000 を現金で渡した。

	借方	金額		貸方	金額
(借)	仮払金	80,000	(貸)	現　金	80,000

出張中の従業員より 250,000 が当座預金に振込まれたが、その詳細は不明である。

	借方	金額		貸方	金額
(借)	当座預金	250,000	(貸)	仮受金	250,000

出張より帰ってきた従業員 A より、先の入金がK商店に対する売掛金の回収であるとの報告を受けた。また、旅費について清算を行い残額 3,000 は現金で受け取った。

	借方	金額		貸方	金額
(借)	仮受金	250,000	(貸)	売掛金	250,000
	旅費交通費	77,000		仮払金	80,000
	現　金	3,000			

第6講　問　題　①

【問 13】 以下の商品売買取引を、分記法、三分法、および売上原価対立法によって仕訳しなさい。

① タカセ商店から商品200を仕入れ、代金は小切手を振出して支払った。

分記法（借）＿＿＿＿＿＿　- - - - - - - -　　（貸）＿＿＿＿＿＿　- - - - - - - -

三分法（借）＿＿＿＿＿＿　- - - - - - - -　　（貸）＿＿＿＿＿＿　- - - - - - - -

売上原価対立法（借）＿＿＿＿＿＿　- - - - - - - -　　（貸）＿＿＿＿＿＿　- - - - - - - -

②ヨシダ商店に商品を240（原価160）で販売し、代金は掛とした。なお、この取引の際現金で支払った発送費用30は当社負担とした。

分記法（借）＿＿＿＿＿＿　- - - - - - - -　　（貸）＿＿＿＿＿＿　- - - - - - - -

三分法（借）＿＿＿＿＿＿　- - - - - - - -　　（貸）＿＿＿＿＿＿　- - - - - - - -

売上原価対立法（借）＿＿＿＿＿＿　- - - - - - - -　　（貸）＿＿＿＿＿＿　- - - - - - - -

③ウエノ商店から商品300を仕入れ、代金のうち150は、手許のハラグチ商店振出しの小切手で支払い、残額は掛とした。なお，引取り運賃20は現金で支払った。

分記法（借）＿＿＿＿＿＿　- - - - - - - -　　（貸）＿＿＿＿＿＿　- - - - - - - -

三分法（借）＿＿＿＿＿＿　- - - - - - - -　　（貸）＿＿＿＿＿＿　- - - - - - - -

売上原価対立法（借）＿＿＿＿＿＿　- - - - - - - -　　（貸）＿＿＿＿＿＿　- - - - - - - -

④ヨシダ商店に掛けで販売した商品のうち90（原価60）が返品されてきた。

分記法（借）＿＿＿＿＿＿　- - - - - - - -　　（貸）＿＿＿＿＿＿　- - - - - - - -

三分法（借）＿＿＿＿＿＿　- - - - - - - -　　（貸）＿＿＿＿＿＿　- - - - - - - -

売上原価対立法（借）＿＿＿＿＿＿　- - - - - - - -　　（貸）＿＿＿＿＿＿　- - - - - - - -

第6講　解　答　①

【問 13】以下の商品 売買取引を、分記法、三分法、および売上原価対立法によって仕訳しなさい。

① タカセ商店から商品 200 を仕入れ、代金は小切手を振出して支払った。

	(借)		(貸)	
分記法	商　品	200	当座預金	200
三分法	仕　入	200	当座預金	200
売上原価対立法	商　品	200	当座預金	200

② ヨシダ商店に商品を 240（原価 160）で販売し、代金は掛とした。なお、この取引の際現金で支払った発送費用 30 は当社負担とした。

販売の際、当初負担の発送費用は発送費等の費用勘定で処理

	(借)		(貸)	
分記法	売 掛 金	240	商　品	160
			商品売買益	80
	発 送 費	30	現　金	30
三分法	売 掛 金	240	売　上	240
	発 送 費	30	現　金	30
売上原価対立法	売 掛 金	240	売　上	240
	発 送 費	30	現　金	30
	売上原価	160	商　品	160

③ ウエノ商店から商品 300 を仕入れ、代金のうち 150 は、手許のハラグチ商店振出しの小切手で支払い、残額は掛とした。なお, 引取り運賃 20 は現金で支払った。

他人振出の小切手は現金勘定で処理　　引取り運賃は取得原価に加算

	(借)		(貸)	
分記法	商　品	320	買掛金	150
			現　金	170
三分法	仕　入	320	買掛金	150
			現　金	170
売上原価対立法	商　品	320	買掛金	150
			現　金	170

④ ヨシダ商店に掛けで販売した商品のうち 90（原価 60）が返品されてきた。

	(借)		(貸)	
分記法	商　品	60	売掛金	90
	商品売買益	30		
三分法	売　上	90	売掛金	90
売上原価対立法	売　上	90	売掛金	90
	商　品	60	売上原価	60

＊売上原価対立法では、返品等の都度、売上原価勘定から商品勘定へと振戻す処理が行われる！

第6講　問　題　②

【問 14】以下の取引につき、ⓐ仕訳（三分法）し、ⓑ商品有高帳（先入先出法）に記入し、ⓒ 10月の移動平均法による場合の売上総利益を計算しなさい。なお、当社ではA商品のみを扱っており、期首の繰越残高（40 個 単価 55 円）がある。

① 10月2日、モリタ商店から商品 3,000（60 個 単価 50）を仕入れ、代金は掛けとした。
（借）＿＿＿＿＿＿　- - - - - - - -　（貸）＿＿＿＿＿＿　- - - - - - - -

② 10日、サカモト商店に商品 4,200（70 個 単価 60）を売上げ、代金は掛けとした。
（借）＿＿＿＿＿＿　- - - - - - - -　（貸）＿＿＿＿＿＿　- - - - - - - -

③ 12日、タニハタ商店から商品 1,680（30 個 単価 56）を仕入れ、代金は掛けとした。
（借）＿＿＿＿＿＿　- - - - - - - -　（貸）＿＿＿＿＿＿　- - - - - - - -

④ 20日、アオキ商店に商品 2,400（40 個 単価 60）を売上げ、代金は掛けとした。
（借）＿＿＿＿＿＿　- - - - - - - -　（貸）＿＿＿＿＿＿　- - - - - - - -

商品有高帳

A 商品　　　　先入先出法

X年		摘　要	受入高			引渡高			残高		
			数量	単価	金額	数量	単価	金額	数量	単価	金額
10	1	繰　越	40	55	2,200				40	55	2,200

移動平均法による場合の売上総利益　＿＿＿＿＿＿＿＿

計算式

【問 15】次の（　）に適切な金額を記入し、表を完成しなさい。

	期首商品棚卸高	仕入高	期末商品棚卸高	売上原価	売上高	売上総利益
商品A	200	1,800	300	（　　）	2,100	（　　）
商品B	（　　）	1,200	800	1,100	（　　）	200

第6講 解 答 ②

【問 14】以下の取引につき、仕訳（三分法）し、商品有高帳（先入先出法）に記入し、10月の移動平均法による場合の売上総利益を計算しなさい。なお、当社ではA商品のみを扱っており、期首の繰越残高（40個 単価55円）がある。

① 10月2日、モリタ商店から商品3,000（60個 単価50）を仕入れ、代金は掛けとした。

（借）仕　入　3,000　（貸）買掛金　3,000

② 10日、サカモト商店に商品4,200（70個 単価60）を売上げ、代金は掛けとした。

（借）売掛金　4,200　（貸）売　上　4,200

③ 12日、タニハタ商店から商品1,680（30個 単価56）を仕入れ、代金は掛けとした。

（借）仕　入　1,680　（貸）買掛金　1,680

④ 20日、アオキ商店に商品2,400（40個 単価60）を売上げ、代金は掛けとした。

（借）売掛金　2,400　（貸）売　上　2,400

商品有高帳

A商品　先入先出法

X年		摘要	受入高			引渡高			残高		
			数量	単価	金額	数量	単価	金額	数量	単価	金額
10	1	繰越	40	55	2,200				40	55	2,200
	2	仕入	60	50	3,000				40	55	2,200
									60	50	3,000
	10	売上				40	55	2,200			
						30	50	1,500	30	50	1,500
	12	仕入	30	56	1,680				30	50	1,500
									30	56	1,680
	20	売上				30	50	1,500			
						10	56	560	20	56	1,120

移動平均法による場合の売上総利益　800

計算式　10日の売上原価（@52 × 70個）＋20日の売上原価（@54 × 40）＝ 5800

売上高6600 － 5800 ＝ 800

【問 15】次の（　）に適切な金額を記入し、表を完成しなさい。

	期首商品棚卸高	仕入高	期末商品棚卸高	売上原価	売上高	売上総利益
商品A	200	1,800	300	（1,700）	2,100	（400）
商品B	（700）	1,200	800	1,100	（1,300）	200

販売用に用意した商品の数　売れ残り分　販売分(原価)　販売分(売価)　売価・原価の差額

第6講　問　題　③

【問 16】 株式会社ナカムラは、株式会社カワムラとの間でⓐ商品売買取引は全て掛取引とする、ⓑ月間販売量が5,000個以上の場合、売上の20%のリベートを後日支払う、という条件で商品売買契約を締結した。次の一連の取引を仕訳しなさい。

① 10月5日、株式会社カワムラに商品3,000個を@500で販売した。
(借方)＿＿＿＿＿　-------　(貸方)＿＿＿＿＿　-------
＿＿＿＿＿　-------　＿＿＿＿＿　-------

② 10月15日、株式会社カワムラに商品1,500個を@500で販売した。
(借方)＿＿＿＿＿　-------　(貸方)＿＿＿＿＿　-------
＿＿＿＿＿　-------　＿＿＿＿＿　-------

③ 10月25日、株式会社カワムラに商品2,000個を@500で販売した。
この時点でリベートの条件を達成したためこれを月末に払うこととした。
(借方)＿＿＿＿＿　-------　(貸方)＿＿＿＿＿　-------
＿＿＿＿＿　-------　＿＿＿＿＿　-------
＿＿＿＿＿　-------　＿＿＿＿＿　-------

④ 11月30日、株式会社カワムラへのリベートを、小切手を振り出して支払った。
(借方)＿＿＿＿＿　-------　(貸方)＿＿＿＿＿　-------

【問 17】 次の資料から①棚卸減耗費と商品評価損について三分法で決算整理仕訳を行い、②売上総利益を求めなさい。なお、売上原価は仕入勘定で計算し、棚卸減耗損と商品評価損は売上原価項目とする。

期首商品棚卸高	@200	80個	期末帳簿棚卸数量	@250	50個
当期仕入高	@250	220個	期末実地棚卸高	@220	45個
当期販売	@350	各自計算			

決算整理仕訳
(借方)＿＿＿＿＿　-------　(貸方)＿＿＿＿＿　-------
＿＿＿＿＿　-------　＿＿＿＿＿　-------
＿＿＿＿＿　-------　＿＿＿＿＿　-------
＿＿＿＿＿　-------　＿＿＿＿＿　-------

売上総利益（＿＿＿＿＿）
計算式

第6講　解　答　③

【問 16】株式会社ナカムラは、株式会社カワムラとの間でⓐ商品売買取引は全て掛取引とする、ⓑ月間販売量が5,000個以上の場合、売上の20%のリベートを後日支払う、という条件で商品売買契約を締結した。次の一連の取引を仕訳しなさい。

① 10月5日、株式会社カワムラに商品3,000個を@500で販売した。

(借方)			(貸方)	
	売掛金	1,500,000	売　上	1,200,000
			返金負債	300,000

② 10月15日、株式会社カワムラに商品1,500個を@500で販売した。

(借方)			(貸方)	
	売掛金	750,000	売　上	600,000
			返金負債	150,000

③ 10月25日、株式会社カワムラに商品2,000個を@500で販売した。
この時点でリベートの条件を達成したため、これを月末に払うこととした。

(借方)			(貸方)	
	売掛金	1,000,000	売　上	800,000
			返金負債	200,000
	返金負債	650,000	未払金	650,000

④ 11月30日、株式会社カワムラへのリベートを、小切手を振り出して支払った。

(借方)			(貸方)	
	未払金	650,000	当座預金	650,000

【問 17】次の資料から①棚卸減耗費と商品評価損について三分法で決算整理仕訳を行い、②売上総利益を求めなさい。なお、売上原価は仕入勘定で計算し、棚卸減耗損と商品評価損は売上原価項目とする。

期期首商品棚卸高	@200	80個	期末帳簿棚卸数量	@250	50個
当期仕入高	@250	220個	期末実地棚卸高	@220	45個
当期販売	@350	各自計算			

決算整理仕訳

(借方)			(貸方)	
	仕　入	16,000	繰越商品	16,000
	繰越商品	12,500	仕　入	12,500
	棚卸減耗損	1,250	繰越商品	2,600
	商品評価損	1,350		

売上総利益（　26,400　）

（計算式）売上高　　　　　売上原価

87,500 －（16,000 ＋ 55,000 － 12,500+2,600）＝ 26,400

第7講　問　題　①

【問18】次の各取引を仕訳しなさい。（商品売買取引は三分法による）

① スミス商店へ商品10,000を売渡し、代金は同店振出し当店宛の約束手形を受け取った。
(借)＿＿＿＿＿＿　-------　(貸)＿＿＿＿＿＿　-------
② セイ商店から、売掛金12,000に対し、同店振出し当店宛の約束手形を受け取った。
(借)＿＿＿＿＿＿　-------　(貸)＿＿＿＿＿＿　-------
③ クズネッツ商店から売掛金20,000に対し同店振出しサイモン商店宛（引受済み）の為替手形を受け取った。
(借)＿＿＿＿＿＿　-------　(貸)＿＿＿＿＿＿　-------
④ ①の約束手形が無事取立てられ当座預金に入金された旨の通知が取引銀行からあった。
(借)＿＿＿＿＿＿　-------　(貸)＿＿＿＿＿＿　-------
⑤ メンガー商店から商品12,000を仕入れ、代金は同店宛の約束手形を振出して支払った。
(借)＿＿＿＿＿＿　-------　(貸)＿＿＿＿＿＿　-------
⑥ かねて買掛金のあるヴェヴレン商店から、同店振出し当店宛ケインズ商店受取りの為替手形10,000について呈示され引受けた。
(借)＿＿＿＿＿＿　-------　(貸)＿＿＿＿＿＿　-------
⑦ マルサス商店に対する買掛金30,000を支払うため、かねて売掛金のあるワルラス商店宛の為替手形を振り出し、同店の引受けを得たうえで渡した。
(借)＿＿＿＿＿＿　-------　(貸)＿＿＿＿＿＿　-------
⑧ ウザワ商店から商品15,000を仕入れ、代金のうち5,000はさきにフリードマン商店から受取った為替手形を裏書し残額は掛とした。
(借)＿＿＿＿＿＿　-------　(貸)＿＿＿＿＿＿　-------
　　＿＿＿＿＿＿　-------　　　＿＿＿＿＿＿　-------
⑨ アオキ商店に商品20,000を売渡し、代金として当店が以前振出した同額の約束手形の裏書譲渡を受けた。
(借)＿＿＿＿＿＿　-------　(貸)＿＿＿＿＿＿　-------
⑩ ピグー商店は、ガルブレイス商店振り出しの約束手形15,000を取引銀行で割り引き、割引料500を差し引かれた残りを現金で受け取った。
(借)＿＿＿＿＿＿　-------　(貸)＿＿＿＿＿＿　-------
　　＿＿＿＿＿＿　-------　　　＿＿＿＿＿＿　-------
⑪ ウノ商店に商品8,000を販売し、代金のうち3,000は同店振出の小切手で受取り、2,000は以前当店が他店宛に振出した約束手形を裏書の上受取り、残額は掛けとした。
(借)＿＿＿＿＿＿　-------　(貸)＿＿＿＿＿＿　-------
　　＿＿＿＿＿＿　-------　　　＿＿＿＿＿＿　-------
　　＿＿＿＿＿＿　-------　　　＿＿＿＿＿＿　-------

第7講　解　答　①

【問 18】次の各取引を仕訳しなさい。（商品売買取引は三分法による）

① スミス商店へ商品 10,000 を売渡し、代金は同店振出し当店宛の約束手形を受け取った。

(借)	受取手形	10,000	(貸) 売　上	10,000

② セイ商店から、売掛金 12,000 に対し、同店振出し当店宛の約束手形を受け取った。

(借)	受取手形	12,000	(貸) 売掛金	12,000

③ クズネッツ商店から売掛金 20,000 に対し同店振出しサイモン商店宛（引受済み）の為替手形を受け取った。

(借)	受取手形	20,000	(貸) 売掛金	20,000

④ ①の約束手形が無事取立てられ当座預金に入金された旨の通知が取引銀行からあった。

(借)	当座預金	10,000	(貸) 受取手形	10,000

⑤ メンガー商店から商品 12,000 を仕入れ、代金は同店宛の約束手形を振出して支払った。

(借)	仕　入	12,000	(貸) 支払手形	12,000

⑥ かねて買掛金のあるヴェヴレン商店から、同店振出し当店宛ケインズ商店受取りの為替手形 10,000 について呈示され引受けた。

(借)	買掛金	10,000	(貸) 支払手形	10,000

⑦ マルサス商店に対する買掛金 30,000 を支払うため、かねて売掛金のあるワルラス商店宛の為替手形を振り出し、同店の引受けを得たうえで渡した。

(借)	買掛金	30,000	(貸) 売掛金	30,000

⑧ ウザワ商店から商品 15,000 を仕入れ、代金のうち 5,000 はさきにフリードマン商店から受取った為替手形を裏書し残額は掛とした。

(借)	仕　入	15,000	(貸) 受取手形	5,000
			買掛金	10,000

⑨ アオキ商店に商品 20,000 を売渡し、代金として当店が以前振出した同額の約束手形の裏書譲渡を受けた。

(借)	支払手形	20,000	(貸) 売　上	20,000

⑩ ピグー商店は、ガルブレイス商店振り出しの約束手形 15,000 を取引銀行で割り引き、割引料 500 を差し引かれた残りを現金で受け取った。

(借)	現　金	14,500	(貸) 受取手形	15,000
	手形売却損	500		

⑪ ウノ商店に商品 8,000 を販売し、代金のうち 3,000 は同店振出の小切手で受取り、2,000 は以前当店が他店宛に振出した約束手形を裏書の上受取り、残額は掛けとした。

(借)	現　金	3,000	(貸) 売　上	8,000
	支払手形	2,000		
	売掛金	3,000		

第7講　問　題　②

【問 19】次の各取引を仕訳しなさい。（商品売買取引は三分法による）

① 1ヵ月後にK商店から商品100,000を購入することを約束し，内金として10,000を現金で支払った。

（借）________ ________　（貸）________ ________

後日、約束通りK商店から商品100,000を現金で購入した。

（借）________ ________　（貸）________ ________

________ ________　________ ________

② 所有する土地をW商店に2,000,000（取得原価2,000,000）で売却し，代金は月末に受け取ることにした。（売買損益は生じない）

（借）________ ________　（貸）________ ________

③ 先般、R商店との掛取引で生じた売上債権60,000を、R商店の同意を得てT商店に56,000で譲渡した。

（借）________ ________　（貸）________ ________

________ ________　________ ________

④ M商店に、商品80,000をクレジット払いの条件で販売した。当社は、信販会社に対して販売代金の4%の手数料を支払う契約をしている。

（借）________ ________　（貸）________ ________

________ ________　________ ________

⑤ 上記④の売上債権に係る代金が信販会社から普通預金に振込まれた。

（借）________ ________　（貸）________ ________

⑥ 当社は備品200,000を購入し、代金は手形を振出して支払った。

（借）________ ________　（貸）________ ________

⑦ W商店から商品600,000を掛けで仕入れた。

（借）________ ________　（貸）________ ________

⑧ 上記⑦の売上債権の支払いについて、取引銀行を通じて電子債権記録機構に債務の記録申請を行った。

（借）________ ________　（貸）________ ________

⑨ 備品を購入した際の未払金50,000につき、取引銀行を通じて、電子債権記録機関に債務の記録申請を行った。

（借）________ ________　（貸）________ ________

⑩ 電子記録債権500,000を取引銀行で割引き、割引料5,000が差引かれた残りの金額が普通預金に振込まれた。

（借）________ ________　（貸）________ ________

________ ________　________ ________

第7講 解 答 ②

【問 19】 次の各取引を仕訳しなさい。(商品売買取引は三分法による)

① 1ヵ月後にK商店から商品100,000を購入することを約束し，内金として10,000を現金で支払った。

(借)		(貸)	
前払金	10,000	現金	10,000

後日、約束通りK商店から商品100,000を現金で購入した。

(借)		(貸)	
仕入	100,000	前払金	10,000
		現金	90,000

② 所有する土地をW商店に2,000,000(取得原価2,000,000)で売却し，代金は月末に受け取ることにした。(売買損益は生じない)

(借)		(貸)	
未収入金	2,000,000	土地	2,000,000

③ 先般、R商店との掛取引で生じた売上債権60,000を、R商店の同意を得てT商店に56,000で譲渡した。代金は普通預金に振込まれた。

(借)		(貸)	
普通預金	56,000	売掛金	60,000
債権売却損	4,000		

④ M商店に、商品80,000をクレジット払いの条件で販売した。当社は、信販会社に対して販売代金の4%の手数料を支払う契約をしている。

(借)		(貸)	
クレジット売掛金	76,800	売上	80,000
支払手数料	3,200		

⑤ 上記④の売上債権に係る代金が信販会社から普通預金に振込まれた。

(借)		(貸)	
普通預金	76,800	クレジット売掛金	76,800

⑥ 当社は備品200,000を購入し、代金は手形を振出して支払った。

(借)		(貸)	
備品	200,000	営業外手形	200,000

⑦ W商店から商品600,000を掛けで仕入れた。

(借)		(貸)	
仕入	600,000	買掛金	600,000

⑧ 上記⑦の売上債権の支払いについて、取引銀行を通じて電子債権記録機関に債務の記録申請を行った。

(借)		(貸)	
買掛金	600,000	電子記録債務	600,000

⑨ 備品を購入した際の未払金50,000につき、取引銀行を通じて、電子債権記録機関に債務の記録申請を行った。

(借)		(貸)	
未払金	50,000	営業外電子記録債務	50,000

⑩ 電子記録債権500,000を取引銀行で割引き、割引料5,000が差引かれた残りの金額が普通預金に振込まれた。

(借)		(貸)	
普通預金	495,000	電子記録債権	500,000
電子記録債権売却損	5,000		

第8講　問　題

【問 20】 次の各取引を仕訳しなさい。（商品売買取引は三分法による）

① 取引先が倒産したため、同店に対する売掛金 150,000 が回収不能となった。なお、貸倒引当金は設定していない。

（借）＿＿＿＿＿＿　－－－－－－　（貸）＿＿＿＿＿＿　－－－－－－

② 決算にあたり、売掛金残高 8 ,000,000 に対して 2%の貸倒れを見積もった。

（借）＿＿＿＿＿＿　－－－－－－　（貸）＿＿＿＿＿＿　－－－－－－

③ 当期の取引で生じた売掛金 120,000 が貸倒れた。

（借）＿＿＿＿＿＿　－－－－－－　（貸）＿＿＿＿＿＿　－－－－－－

④ 前期の取引で生じた売掛金 120,000 が貸倒れた。貸倒引当金残高は 140,000 である。

（借）＿＿＿＿＿＿　－－－－－－　（貸）＿＿＿＿＿＿　－－－－－－

⑤ 前期の取引で生じた売掛金 120,000 が貸倒れた。貸倒引当金残高は 80,000 である。

（借）＿＿＿＿＿＿　－－－－－－　（貸）＿＿＿＿＿＿　－－－－－－

＿＿＿＿＿＿　－－－－－－　＿＿＿＿＿＿　－－－－－－

⑥ 決算にあたり、売掛金残高 9,000,000 に対して 2%の貸倒れを見積もった。ただし、貸倒引当金勘定の残高が 70,000 ある。

（借）＿＿＿＿＿＿　－－－－－－　（貸）＿＿＿＿＿＿　－－－－－－

⑦ 決算にあたり、売掛金残高 9,000,000 に対して 2%の貸倒れを見積もった。ただし、貸倒引当金勘定の残高が 190,000 ある。

＿＿＿＿＿＿　－－－－－－　＿＿＿＿＿＿　－－－－－－

⑧ 前期に貸倒れ処理をした取引先の売掛金 120,000 のうち、100,000 を現金で回収した。

＿＿＿＿＿＿　－－－－－－　＿＿＿＿＿＿　－－－－－－

⑨ 当社では、商品を販売する際保証書を付している。決算にあたり、商品 700,000 につき 0.5%の保証実行が見積もられるため引当金処理を行った。

（借）＿＿＿＿＿＿　－－－－－－　（貸）＿＿＿＿＿＿　－－－－－－

顧客に商品交換による保証 3,000 を実行した。

（借）＿＿＿＿＿＿　－－－－－－　（貸）＿＿＿＿＿＿　－－－－－－

⑩ 翌期に建物の修繕が見込まれるため、決算にあたり引当金 50,000 を積み立てた。

（借）＿＿＿＿＿＿　－－－－－－　（貸）＿＿＿＿＿＿　－－－－－－

翌期になり、建物の修繕 60,000 を実施し代金は現金で支払った。

（借）＿＿＿＿＿＿　－－－－－－　（貸）＿＿＿＿＿＿　－－－－－－

＿＿＿＿＿＿　－－－－－－　＿＿＿＿＿＿　－－－－－－

第8講　解　答

【問20】 次の各取引を仕訳しなさい。（商品売買取引は三分法による）

① 取引先が倒産したため、同店に対する売掛金150,000が回収不能となった。なお、貸倒引当金は設定していない。

(借) 貸倒損失　150,000　(貸) 売掛金　150,000

② 決算にあたり、売掛金残高8,000,000に対して2%の貸倒れを見積もった。

(借) 貸倒引当金繰入　160,000　(貸) 貸倒引当金　160,000

③ 当期の取引で生じた売掛金120,000が貸倒れた。

(借) 貸倒損失　120,000　(貸) 売掛金　120,000

④ 前期の取引で生じた売掛金120,000が貸倒れた。貸倒引当金残高は140,000である。

(借) 貸倒引当金　120,000　(貸) 売掛金　120,000

⑤ 前期の取引で生じた売掛金120,000が貸倒れた。貸倒引当金残高は80,000である。

(借) 貸倒引当金　80,000　(貸) 売掛金　120,000
貸倒損失　40,000

⑥ 決算にあたり、売掛金残高9,000,000に対して2%の貸倒れを見積もった。ただし、貸倒引当金勘定の残高が70,000ある。

(借) 貸倒引当金繰入　110,000　(貸) 貸倒引当金　110,000

⑦ 決算にあたり、売掛金残高9,000,000に対して2%の貸倒れを見積もった。ただし、貸倒引当金勘定の残高が190,000ある。

貸倒引当金　10,000　(貸) 貸倒引当金戻入　10,000

⑧ 前期に貸倒れ処理をした取引先の売掛金120,000のうち、100,000を現金で回収した。

現　金　100,000　(貸) 償却債権取立益　100,000

⑨ 当社では、商品を販売する際保証書を付している。決算にあたり、商品700,000につき0.5%の保証実行が見積もられるため引当金処理を行った。

(借) 商品保証引当金繰入　3,500　(貸) 商品保証引当金　3,500

顧客に商品交換による保証3,000を実行した。

(借) 商品保証引当金　3,000　(貸) 仕　入　3,000

⑩ 翌期に建物の修繕が見込まれるため、決算にあたり引当金50,000を積み立てた。

(借) 修繕引当金繰入　50,000　(貸) 修繕引当金　50,000

翌期になり、建物の修繕60,000を実施し代金は現金で支払った。

(借) 修繕引当金　50,000　(貸) 現　金　60,000
修繕費　10,000

第9講　問　題

【問21】次の①から⑤の取引を条件に従って仕訳しなさい。

① 株式会社シモノの設立にあたり、定款における発行可能株式総数を4,000株と定め、そのうち会社法で定める最低発行株数を、1株につき50,000で発行し全額の払込を受け、これを当座預金とした。

・資本金に会社法上の原則的な金額を計上する場合の仕訳

(借)＿＿＿＿＿＿＿＿　　　　　(貸)＿＿＿＿＿＿＿＿

・資本金に会社法で定める最低額を計上する場合の仕訳

(借)＿＿＿＿＿＿＿＿　　　　　(貸)＿＿＿＿＿＿＿＿

＿＿＿＿＿＿＿＿　　　　　＿＿＿＿＿＿＿＿

② 株式会社アズマ工業の増資の一連の取引について仕訳しなさい。

・新株100株を1株につき30,000の条件で公募したところ、期日までに120株の申し込みがあり、引受人から申込証拠金が全額、取引銀行に振込まれた。

(借)＿＿＿＿＿＿＿＿　　　　　(貸)＿＿＿＿＿＿＿＿

・抽選後、新株を割当てられなかった20株分の申込証拠金を払い戻した。

(借)＿＿＿＿＿＿＿＿　　　　　(貸)＿＿＿＿＿＿＿＿

・払込期日になったので申込証拠金を資本金に振替え、別段預金を当座預金に預け入れた。資本金には会社法上で定める最低額を計上した。

(借)＿＿＿＿＿＿＿＿　　　　　(貸)＿＿＿＿＿＿＿＿

＿＿＿＿＿＿＿＿　　　　　＿＿＿＿＿＿＿＿

＿＿＿＿＿＿＿＿　　　　　＿＿＿＿＿＿＿＿

③ 売買目的で額面200,000のA社社債を額面100につき98で小切手を振り出して買入れ、手数料1,000は現金で支払った。

(借)＿＿＿＿＿＿＿＿　　　　　(貸)＿＿＿＿＿＿＿＿

＿＿＿＿＿＿＿＿　　　　　＿＿＿＿＿＿＿＿

④ ③の社債について、半年分の利息（年利率6%）を現金で受け取った。

(借)＿＿＿＿＿＿＿＿　　　　　(貸)＿＿＿＿＿＿＿＿

⑤ ③の有価証券を額面100あたり99で売却し、代金は現金で受け取った。

(借)＿＿＿＿＿＿＿＿　　　　　(貸)＿＿＿＿＿＿＿＿

＿＿＿＿＿＿＿＿　　　　　＿＿＿＿＿＿＿＿

⑥ 9月30日、売買目的でT社社債1,000,000を額面金額100につき98で購入し、代金は端数利息も含めて小切手を振出して支払った。この社債の利息は年6％、利払い日は6月末と12月末の年2回である。端数利息は月割りで計算すること。

(借)＿＿＿＿＿＿＿＿　　　　　(貸)＿＿＿＿＿＿＿＿

＿＿＿＿＿＿＿＿　　　　　＿＿＿＿＿＿＿＿

12月31日、上記社債の利札の期限が到来した。

(借)＿＿＿＿＿＿＿＿　　　　　(貸)＿＿＿＿＿＿＿＿

第9講　解　答

【問 21】次の①から⑤の取引を条件に従って仕訳しなさい。

① 株式会社シモノの設立にあたり、定款における発行可能株式総数を 4,000 株と定め、そのうち会社法で定める最低発行株数を、1株につき 50,000 で発行し全額の払込を受け、これを当座預金とした。

・資本金に会社法上の原則的な金額を計上する場合の仕訳

(借)	当座預金	50,000,000	(貸)	資本金	50,000,000

・資本金に会社法で定める最低額を計上する場合の仕訳

(借)	当座預金	50,000,000	(貸)	資本金	25,000,000
				資本準備金	25,000,000

② 株式会社アズマ工業の増資の一連の取引について仕訳しなさい。

・新株 100 株を1株につき 30,000 の条件で公募したところ、期日までに 120 株の申し込みがあり、引受人から申込証拠金が全額、取引銀行に振込まれた。

(借)	別段預金	3,600,000	(貸)	株式申込証拠金	3,600,000

・抽選後、新株を割当てられなかった 20 株分の申込証拠金を払い戻した。

(借)	株式申込証拠金	600,000	(貸)	別段預金	600,000

・払込期日になったので申込証拠金を資本金に振替え、別段預金を当座預金に預け入れた。資本金には会社法上で定める最低額を計上した。

(借)	株式申込証拠金	3,000,000	(貸)	資本金	1,500,000
				資本準備金	1,500,000
	当座預金	3,000,000		別段預金	3,000,000

③ 売買目的で額面 200,000 のA社社債を額面 100 につき 98 で小切手を振り出して買入れ、手数料 1,000 は現金で支払った。

(借)	売買目的有価証券	197,000	(貸)	当座預金	196,000
				現金	1,000

200,000 × 0.98 + 1,000 = 197,000（手数料も取得価額に含めるので注意）

④ ③の社債について、半年分の利息（年利率 6%）を現金で受け取った。

(借)	現金	6,000	(貸)	有価証券利息	6,000

⑤ ③の有価証券を額面 100 あたり 99 で売却し、代金は現金で受け取った。

(借)	現金	198,000	(貸)	売買目的有価証券	197,000
				有価証券売却益	1,000

⑥ 9月30日、売買目的でT社社債 1,000,000 を額面金額 100 につき 98 で購入し、代金は端数利息も含めて小切手を振出して支払った。この社債の利息は年6%、利払い日は6月末と12月末の年2回である。端数利息は月割りで計算すること。

(借)	売買目的有価証券	980,000	(貸)	当座預金	995,000
	有価証券利息	15,000			

12月31日、上記社債の利札の期限が到来した。

(借)	現金	30,000	(貸)	有価証券利息	30,000

第10講　問　題

【問22】

① 営業用の建物を購入し、代金5,000,000と仲介手数料および登記料300,000について小切手を振り出して支払った。

(借)＿＿＿＿＿＿　- - - - - - - -　(貸)＿＿＿＿＿＿　- - - - - - - -

② 営業用の建物を購入し、代金5,000,000と仲介手数料および登記料300,000について1ヶ月後に支払うこととした。

(借)＿＿＿＿＿＿　- - - - - - - -　(貸)＿＿＿＿＿＿　- - - - - - - -

③ 取得原価7,000,000の所有土地Aを8,000,000で売却し、代金は現金で受け取った。

(借)＿＿＿＿＿＿　- - - - - - - -　(貸)＿＿＿＿＿＿　- - - - - - - -

＿＿＿＿＿＿　- - - - - - - -　＿＿＿＿＿＿　- - - - - - - -

④ 社宅の窓が破損したので修繕を行い代金80,000は小切手を振り出して支払った。

(借)＿＿＿＿＿＿　- - - - - - - -　(貸)＿＿＿＿＿＿　- - - - - - - -

⑤ 取得原価600,000、減価償却累計額￥337,500の建物を￥350,000で売却し、代金を相手方が振出した約束手形で受け取った。

(借)＿＿＿＿＿＿　- - - - - - - -　(貸)＿＿＿＿＿＿　- - - - - - - -

＿＿＿＿＿＿　- - - - - - - -　＿＿＿＿＿＿　- - - - - - - -

⑥当社は下記財政状態のA社を8,000で買収し、代金は小切手を振出して支払った。なお、建物の時価は7,000である。

［A社貸借対照表のデータ］

現金預金	500	売掛金	1,000	商　品	2,000	建物	6,000
借入金	2,200	買掛金	800	資本金	5,000	繰越利益剰余金	1,500

(借)＿＿＿＿＿＿　- - - - - - - -　(貸)＿＿＿＿＿＿　- - - - - - - -

＿＿＿＿＿＿　- - - - - - - -　＿＿＿＿＿＿　- - - - - - - -

＿＿＿＿＿＿　- - - - - - - -　＿＿＿＿＿＿　- - - - - - - -

＿＿＿＿＿＿　- - - - - - - -　＿＿＿＿＿＿　- - - - - - - -

＿＿＿＿＿＿　- - - - - - - -　＿＿＿＿＿＿　- - - - - - - -

⑦当社は、×1年7月1日、Oリース会社と下記条件で、5年間のリース契約を締結した。
リース料（年）240,000（支払日6月末、12月末）見積現金購入価格900,000

(契約時、利子抜き法)

(借)＿＿＿＿＿＿　- - - - - - - -　(貸)＿＿＿＿＿＿　- - - - - - - -

(決算時利子抜き法)

(借)＿＿＿＿＿＿　- - - - - - - -　(貸)＿＿＿＿＿＿　- - - - - - - -

＿＿＿＿＿＿　- - - - - - - -　＿＿＿＿＿＿　- - - - - - - -

第10講　解　答

【問22】

① 営業用の建物を購入し、代金5,000,000と仲介手数料および登記料300,000について小切手を振り出して支払った。

(借)	金額	(貸)	金額
建　　物	5,300,000	当座預金	5,300,000

② 営業用の建物を購入し、代金5,000,000と仲介手数料および登記料300,000について1ヶ月後に支払うこととした。

(借)	金額	(貸)	金額
建　　物	5,300,000	未 払 金	5,300,000

③ 取得原価7,000,000の所有土地を8,000,000で売却し、代金は現金で受け取った。

(借)	金額	(貸)	金額
現　　金	8,000,000	土　　地	7,000,000
		固定資産売却益	1,000,000

④ 社宅の窓が破損したので修繕を行い代金80,000は小切手を振り出して支払った。

(借)	金額	(貸)	金額
修 繕 費	80,000	当座預金	80,000

⑤ 取得原価600,000、減価償却累計額¥337,500の建物を¥350,000で売却し、代金を相手方が振出した約束手形で受け取った。

(借)	金額	(貸)	金額
営業外受取手形	350,000	建　　物	600,000
建物減価償却累計額	337,500	固定資産売却益	87,500

⑥当社は下記財政状態のA社を8,000で買収し、代金は小切手を振出して支払った。なお、建物の時価は7,000である。

［A社貸借対照表のデータ］

現金預金	500	売掛金	1,000	商　品	2,000	建物	6,000
借 入 金	2,200	買掛金	800	資本金	5,000	繰越利益剰余金	1,500

(借)	金額	(貸)	金額
現金預金	500	買 掛 金	800
売 掛 金	1,000	借 入 金	2,200
商　　品	2,000	当座預金	8,000
建　　物	7,000		
の れ ん	500		

⑦当社は、×1年7月1日、Oリース会社と下記条件で、5年間のリース契約を締結した。

リース料（年）240,000（支払日6月末、12月末）見積現金購入価格　900,000

（契約時、利子抜き法）

(借)	金額	(貸)	金額
リース資産	900,000	リース債務	900,000

（決算時　利子抜き法）

(借)	金額	(貸)	金額
減価償却費	180,000	リース資産減価償却累計額	180,000
支払利息	30,000	未 払 金	30,000

第11講　問　題

【問23】次の取引を仕訳しなさい。

① 収入印紙を 15,000 購入し、現金で支払った。

(借)＿＿＿＿＿　- - - - - - -　(貸)＿＿＿＿＿　- - - - - - -

② 決算にあたり未使用の収入印紙 7,000 と郵便切手 4,000 を繰越す処理を行った。

(借)＿＿＿＿＿　- - - - - - -　(貸)＿＿＿＿＿　- - - - - - -

＿＿＿＿＿　- - - - - - -　＿＿＿＿＿　- - - - - - -

③ 期首にあたり、②で繰越した収入印紙と郵便切手を費用勘定に振り戻した。

(借)＿＿＿＿＿　- - - - - - -　(貸)＿＿＿＿＿　- - - - - - -

＿＿＿＿＿　- - - - - - -　＿＿＿＿＿　- - - - - - -

④ 商品 500,000 を掛けで仕入れた（消費税は 10%）。

(借)＿＿＿＿＿　- - - - - - -　(貸)＿＿＿＿＿　- - - - - - -

＿＿＿＿＿　- - - - - - -　＿＿＿＿＿　- - - - - - -

⑤ 商品 600,000 を掛けで販売した（消費税は 10%）。

(借)＿＿＿＿＿　- - - - - - -　(貸)＿＿＿＿＿　- - - - - - -

＿＿＿＿＿　- - - - - - -　＿＿＿＿＿　- - - - - - -

⑥ 決算に際し、上記④及び⑤に係る消費税を確定した。

(借)＿＿＿＿＿　- - - - - - -　(貸)＿＿＿＿＿　- - - - - - -

＿＿＿＿＿　- - - - - - -　＿＿＿＿＿　- - - - - - -

⑦ オオモリ株式会社は、決算をおこなった結果、当期純利益を 320,000 と算定したので、繰越利益剰余金勘定には振り替えた。なお、繰越利益剰余金には、80,000 の残高がある。

(借)＿＿＿＿＿　- - - - - - -　(貸)＿＿＿＿＿　- - - - - - -

・株主総会で繰越利益剰余金の処分を決定した。配当金は 300,000 であり、利益準備金へ会社法で定める額を、別途積立金に 50,000 を積み立てる。なお、期末における資本金の残高は 2,000,000、資本準備金の残高は 100,000、利益準備金の残高は 300,000 である。

(借)＿＿＿＿＿　- - - - - - -　(貸)＿＿＿＿＿　- - - - - - -

＿＿＿＿＿　- - - - - - -　＿＿＿＿＿　- - - - - - -

＿＿＿＿＿　- - - - - - -　＿＿＿＿＿　- - - - - - -

第11講　解　答

【問23】 次の取引を仕訳しなさい。

① 収入印紙を15,000購入し、現金で支払った。

(借)		(貸)	
租税公課	15,000	現　　金	15,000

② 決算にあたり未使用の収入印紙7,000と郵便切手4,000を繰越す処理を行った。

(借)		(貸)	
貯 蔵 品	11,000	租税公課	7,000
		通 信 費	4,000

③ 期首にあたり、②で繰越した収入印紙と郵便切手を費用勘定に振り戻した。

(借)		(貸)	
租税公課	7,000	貯 蔵 品	11,000
通 信 費	4,000		

④ 商品500,000を掛けで仕入れた（消費税は10%）。

(借)		(貸)	
仕　　入	500,000	買 掛 金	550,000
仮払消費税	50,000		

⑤ 商品600,000を掛けで販売した（消費税は10%）。

(借)		(貸)	
売 掛 金	660,000	売　　上	600,000
		仮受消費税	60,000

⑥ 決算に際し、上記④及び⑤に係る消費税を確定した。

(借)		(貸)	
仮受消費税	60,000	仮払消費税	50,000
		未払消費税	10,000

⑦ オオモリ株式会社は、決算をおこなった結果、当期純利益を320,000と算定したので、繰越利益剰余金勘定には振り替えた。なお、繰越利益剰余金には、80,000の残高がある。

(借)		(貸)	
損　　益	320,000	繰越利益剰余金	320,000

・株主総会で繰越利益剰余金の処分を決定した。配当金は300,000であり、利益準備金へ会社法で定める額を、別途積立金に50,000を積み立てる。なお、期末における資本金の残高は2,000,000、資本準備金の残高は100,000、利益準備金の残高は300,000である。

(借)		(貸)	
繰越利益剰余金	380,000	利益準備金	30,000
		未払配当金	300,000
		別途積立金	50,000

計算式

資本金の1/4（500,000）－法定準備金額（400,000）　＞ 利益準備金要積立額30,000

2,000,000 × 1/4　　100,000+300,000　　300,000 × 1/10

第12講　問　題　①

【問24】次の各取引を仕訳しなさい。

① 決算にあたり、当期に受取った利息36,000のうち12,000を次期に繰り延べた。
(借)＿＿＿＿＿＿＿＿　- - - - - - - -　(貸)＿＿＿＿＿＿＿＿　- - - - - - - -
当期分の受取利息を損益勘定へ振替えた。
(借)＿＿＿＿＿＿＿＿　- - - - - - - -　(貸)＿＿＿＿＿＿＿＿　- - - - - - - -
翌期首において、繰り越した前受け分を受取利息勘定へ再振替した。
(借)＿＿＿＿＿＿＿＿　- - - - - - - -　(貸)＿＿＿＿＿＿＿＿　- - - - - - - -

② 決算にあたり、当期の家賃未払額9,000を計上した。
(借)＿＿＿＿＿＿＿＿　- - - - - - - -　(貸)＿＿＿＿＿＿＿＿　- - - - - - - -
当期分の支払家賃36,000を損益勘定へ振替えた。
(借)＿＿＿＿＿＿＿＿　- - - - - - - -　(貸)＿＿＿＿＿＿＿＿　- - - - - - - -
翌期首において、繰り越した未払い分を支払家賃勘定へ再振替した。
(借)＿＿＿＿＿＿＿＿　- - - - - - - -　(貸)＿＿＿＿＿＿＿＿　- - - - - - - -
家賃24,000を現金で支払った。
(借)＿＿＿＿＿＿＿＿　- - - - - - - -　(貸)＿＿＿＿＿＿＿＿　- - - - - - - -

【問25】次の資料から、①販売費及び一般管理費、②営業外収益、③営業外費用、④経常利益（経常活動による利益)、の額をそれぞれ求めなさい。(当社では貸倒引当金は売掛金に対し計上している。)

(a) 広告宣伝費	40,000	(b) 仕入高	850,000	(c) 有価証券評価損	30,000
(d) 貸倒引当金繰入	20,000	(e) 水道光熱費	45,000	(f) 受取配当金	50,000
(g) 売上高	1,100,000	(h) 受取利息	35,000	(i) 租税公課	55,000
(j) 有価証券利息	35,000	(k) 手形売却損	65,000	(l) 旅費交通費	80,000

① ＿＿＿＿＿＿＿＿　計算式 ＿＿＿＿＿＿＿＿＿＿＿＿＿＿＿＿
② ＿＿＿＿＿＿＿＿　計算式 ＿＿＿＿＿＿＿＿＿＿＿＿＿＿＿＿
③ ＿＿＿＿＿＿＿＿　計算式 ＿＿＿＿＿＿＿＿＿＿＿＿＿＿＿＿
④ ＿＿＿＿＿＿＿＿
計算式 ＿＿＿＿＿＿＿＿＿＿＿＿＿＿＿＿

第12講 解 答 ①

【問24】次の各取引を仕訳しなさい。

① 決算にあたり、当期に受取った利息36,000のうち12,000を次期に繰り延べた。

(借) 受取利息 12,000 (貸) 前受利息 12,000

当期分の受取利息を損益勘定へ振替えた。

(借) 受取利息 24,000 (貸) 損 益 24,000

翌期首において、繰り越した前受け分を受取利息勘定へ再振替した。

(借) 前受利息 12,000 (貸) 受取利息 12,000

② 決算にあたり、当期の家賃未払額9,000を計上した。

(借) 支払家賃 9,000 (貸) 未払家賃 9,000

当期分の支払家賃36,000を損益勘定へ振替えた。

(借) 損 益 36,000 (貸) 支払家賃 36,000

翌期首において、繰り越した未払い分を支払家賃勘定へ再振替した。

(借) 未払家賃 9,000 (貸) 支払家賃 9,000

家賃24,000を現金で支払った。

(借) 支払家賃 24,000 (貸) 現 金 24,000

【問25】 次の資料から、①販売費及び一般管理費、②営業外収益、③営業外費用、④経常利益(経常活動による利益)、の額をそれぞれ求めなさい。(当社では貸倒引当金は売掛金に対し計上している。)

(a) 広告宣伝費	40,000	(b) 仕入高	850,000	(c) 有価証券評価損	30,000
(d) 貸倒引当金繰入	20,000	(e) 水道光熱費	45,000	(f) 受取配当金	50,000
(g) 売上高	1,100,000	(h) 受取利息	35,000	(i) 租税公課	55,000
(j) 有価証券利息	35,000	(k) 手形売却損	65,000	(l) 旅費交通費	80,000

① 240,000 計算式 (a)40,000 + (d)20,000+(e)45,000+(i)55,000+(l)80,000

② 120,000 計算式 (f)50,000+(h)35,000 + (j)35000

③ 95,000 計算式 (c)30,000+(k)65,000

④ 35,000

計算式 (g)1,100,000+② 120,000 −(b)850,000 −① 240,000 −③ 95,000

第12講　問　題　②

【問26】次の決算整理事項に基づいて、精算表を作成しなさい。

決算整理事項

1　現金過不足の原因を調査したところ、100については支払済みの広告宣伝費が未記入であることが判明した。残高80の原因は不明であった。
2　商品の期末棚卸高は7,500である。売上原価の計算は仕入勘定で行うこと。
3　期末売掛金に対し、4%の貸倒引当金を設定する（差額補充法）。
4　建物（取得原価25,000、耐用年数25年、残存価格ゼロ）につき減価償却（定額法）を行う。
5　備品（取得原価9,000、耐用年数9年、残存価格は取得原価の10%）につき減価償却（定額法）を行う。
6　給料の未払分は40である。
7　保険料の前払分は20である。
8　受取利息の未収入分が120ある。

精　算　表

○○年○○月○○日

勘定科目	残高試算表		修正記入		損益計算書		貸借対照表	
	借　方	貸　方	借　方	貸　方	借　方	貸　方	借　方	貸　方
現金	12,800							
現金過不足	180							
当座預金	6,000							
売掛金	22,000							
商品	6,600							
建物	25,000							
備品	9,000							
買掛金		26,000						
借入金		15,000						
貸倒引当金		250						
建物減価償却累計額		2,000						
備品減価償却累計額		2,700						
資本金		(　　)						
繰越利益剰余金		4,500						
売上		37,000						
受取利息		480						
仕入	29,000							
給料	1,500							
広告宣伝費	230							
水道光熱費	710							
支払保険料	1,400							
支払利息	510							
合計								
雑（　　）								
貸倒引当金繰入								
減価償却費								
（　　）給料								
（　　）保険料								
（　　）利息								
当期純（　　）								
合計								

第12講　解　答　②

【問 26】次の決算整理事項に基づいて、精算表を作成しなさい。

決算整理事項

1　現金過不足の原因を調査したところ、100 については支払済みの広告宣伝費が未記入であることが判明した。残高 80 の原因は不明であった。
2　商品の期末棚卸高は 7,500 である。売上原価の計算は仕入勘定で行うこと。
3　期末売掛金に対し、4%の貸倒引当金を設定する（差額補充法）。
4　建物（取得原価 25,000、耐用年数 25 年、残存価格ゼロ）につき減価償却（定額法）を行う。
5　備品（取得原価 9,000、耐用年数 9 年、残存価格は取得原価の 10%）につき減価償却（定額法）を行う。
6　給料の未払分は 40 である。
7　保険料の前払分は 20 である。
8　受取利息の未収入分が 120 ある。

精　算　表

○○年○○月○○日

勘定科目	残高試算表		修正記入		損益計算書		貸借対照表	
	借　方	貸　方	借　方	貸　方	借　方	貸　方	借　方	貸　方
現　金	12,800						12,800	
現金過不足	180			180				
当座預金	6,000						6,000	
売　掛　金	22,000						22,000	
商　品	6,600		7,500	6,600			7,500	
建　物	25,000						25,000	
備　品	9,000						9,000	
買　掛　金		26,000						26,000
借　入　金		15,000						15,000
貸倒引当金		250		630				880
建物減価償却累計額		2,000		1,000				3,000
備品減価償却累計額		2,700		900				3,600
資　本　金		27,000						27,000
繰越利益剰余金		4,500						4,500
売　上		37,000				37,000		
受取利息		480		120		600		
仕　入	29,000		6,600	7,500	28,100			
給　料	1,500		40		1,540			
広告宣伝費	230		100		330			
水道光熱費	710				710			
支払保険料	1,400			20	1,380			
支払利息	510				510			
合　計	114,930	114,930						
雑　損			80		80			
貸倒引当金繰入			630		630			
減価償却費			1,900		1,900			
未払給料				40				40
前払保険料			20				20	
未収利息			120				120	
当期純利益					2,420			2,420
合　計			16,990	16,990	37,600	37,600	82,440	82,440

第12講　問　題　③

【問 27】次の資料に基づき、①支店利益の本店への振替仕訳、②支店利益の本店引継仕訳、③本店利益の純資産勘定への振替仕訳を、それぞれ行いなさい。

［資料］

（本店）　損　益

売上原価	480,000	売　　上	600,000
販売費及び一般管理費	110,000	受取利息	50,000

（支店）　損　益

売上原価	350,000	売　　上	450,000
販売費及び一般管理費	50,000	受取利息	50,000

①（借）＿＿＿＿＿　-------　（貸）＿＿＿＿＿　-------
②（借）＿＿＿＿＿　-------　（貸）＿＿＿＿＿　-------
③（借）＿＿＿＿＿　-------　（貸）＿＿＿＿＿　-------

【問 28】次の取引を仕訳しなさい。

①1週間後に行う輸出販売（100 ドル）の手付金 10 ドルを受取った。（契約時相場 120 円）
（借）＿＿＿＿＿　-------　（貸）＿＿＿＿＿　-------

②1週間後商品を輸出販売し手付金を差引いた残額を掛けとした。（輸出時相場 100 円）
（借）＿＿＿＿＿　-------　（貸）＿＿＿＿＿　-------
＿＿＿＿＿　-------　＿＿＿＿＿　-------

【問 29】株式会社バンバは、株式会社ナカムラの株式の 80％を取得し連結子会社とした。資料に基づいて、取得金額が① 360,000 の場合、② 400,000 の場合、それぞれの連結修正仕訳を示しなさい（株式会社ナカムラの株式はＮ社株式とすること）。

［資料］

（株式会社ナカムラ）　貸借対照表

諸 資 産	600,000	諸　負　債	150,000
		資　本　金	400,000
		資本剰余金	20,000
		利益剰余金	30,000

①（借）＿＿＿＿＿　-------　（貸）＿＿＿＿＿　-------
＿＿＿＿＿　-------　＿＿＿＿＿　-------
＿＿＿＿＿　-------　＿＿＿＿＿　-------
＿＿＿＿＿　-------　＿＿＿＿＿　-------

②（借）＿＿＿＿＿　-------　（貸）＿＿＿＿＿　-------
＿＿＿＿＿　-------　＿＿＿＿＿　-------
＿＿＿＿＿　-------　＿＿＿＿＿　-------
＿＿＿＿＿　-------　＿＿＿＿＿　-------

第12講 解 答 ③

【問27】次の資料に基づき、①支店利益の本店への振替仕訳、②支店利益の本店引継仕訳、③本店利益の純資産勘定への振替仕訳を、それぞれ行いなさい。

［資料］

（本店） 損 益

売上原価	480,000	売 上	600,000
販売費及び一般管理費	110,000	受取利息	50,000

（支店） 損 益

売上原価	350,000	売 上	450,000
販売費及び一般管理費	50,000	受取利息	50,000

①	（借）	損 益	100,000	（貸） 本 店	100,000
②	（借）	支 店	100,000	（貸） 損 益	100,000
③	（借）	損 益	160,000	（貸） 繰越利益剰余金	160,000

【問28】次の取引を仕訳しなさい。

①1週間後に行う輸出販売（100ドル）の手付金10ドルを受取った。（契約時相場120円）

（借）	現 金	1,200	（貸） 前 受 金	1,200

②1週間後商品を輸出販売し手付金を差引いた残額を掛けとした。（輸出時相場100円）

（借）	前 受 金	1,200	（貸） 売 上	10,200
	売 掛 金	9,000		

【問29】株式会社バンバは、株式会社ナカムラの株式の80％を取得し連結子会社とした。資料に基づいて、取得金額が① 360,000の場合、② 400,000の場合、それぞれの連結修正仕訳を示しなさい（株式会社ナカムラの株式はN社株式とすること）。

［資料］

（株式会社ナカムラ） 貸借対照表

諸 資 産	600,000	諸 負 債	150,000
		資 本 金	400,000
		資本剰余金	20,000
		利益剰余金	30,000

①	（借）	資 本 金	400,000	（貸） N社株式	360,000
		資本剰余金	20,000	非支配株主持分	90,000
		利益剰余金	30,000		
②	（借）	資 本 金	400,000	（貸） N社株式	400,000
		資本剰余金	20,000	非支配株主持分	90,000
		利益剰余金	30,000		
		の れ ん	40,000		

著者略歴

中村 文彦（なかむらふみひこ）

（学歴）

早稲田大学大学院商学研究科修士課程、千葉大学大学院社会文化科学研究科後期博士課程、慶應義塾大学大学院商学研究科修士課程および後期博士課程において財務会計を専攻。商学修士（早稲田大学）、商学修士（慶應義塾大学）、博士（経済学）（千葉大学）を取得。

（職歴）

千葉経済大学経済学部（助手および専任講師）、弘前大学人文学部（准教授）、福島大学経済経営学類（准教授）、長野県立大学グローバルマネジメント学部（准教授）を経て、2022年4月より大東文化大学経営学部准教授。
現在、慶應義塾大学経済学部および大学院法務研究科の非常勤講師を兼任。

（主要業績：単著）

『退職給付の財務報告 —利害調整と信頼性付与の構造—』森山書店、2003年。
『財務会計制度の論と理』森山書店、2021年。
「制度資本に関する議論の史的連続性」『會計』第204巻第2号、2023年。

（翻訳書：共訳）

「グローバル財務報告 —その真実と未来への警鐘」中央経済社、2009年。

簿記の思考と技法　第3版（ぼき しこう ぎほう）

2018年4月7日　初版第1刷発行
2021年3月31日　第2版第1刷発行
2024年4月6日　第3版第1刷発行

著　者　ⓒ中 村 文 彦（なか むら ふみ ひこ）

発行者　菅 田 直 文

発行所　有限会社 森山書店　東京都千代田区神田司町2-17 上田司町ビル（〒101-0048）
TEL 03-3293-7061 FAX 03-3293-7063　振替口座 00180-9-32919

落丁・乱丁本はお取りかえ致します　印刷／製本・シナノ書籍印刷

ISBN 978-4-8394-2201-1